Peter Naujoks
Kurzgeschichten

Peter Naujoks

Kurzgeschichten

Bibliografische Information der Deutschen Nationalbibliothek:
Die Deutsche Nationalbibliothek verzeichnet diese Publikation in der Deutschen Nationalbibliografie; detaillierte bibliografische Daten sind im Internet über http://dnb.dnb.de abrufbar.

© **2015 Peter Naujoks**
2. Auflage

Covergestaltung: **Kara C. Cowan**
Illustration: **Peter Naujoks**
Korrektorat: **Bianca Karwatt**
Bildquellen: **Danke den Künstlern der Seite Pixabay.com**

Herstellung und Verlag:
BoD - Books on Demand, Norderstedt

ISBN: **978-3-73479-404-9**

Wenn meine Geschichten
Euch Leser erreichen,
wenn sie dann
Euer Herz berühren und
Euch zum Nachdenken anregen,
dann habe ich als Künstler,
mein Ziel erreicht.

Euer
Peter Naujoks

Inhalt

Inhalt
Brief der Kinder an die Mutter — Seite 9
Der alte Mann — Seite 12
Anderswelten — Seite 16
Herzsplitter — Seite 19
Unsichtbare Ketten — Seite 20
Sternenregen — Seite 22
Der Millionär und der Kutter — Seite 25
Freunde für 36 000 Jahre
Co-Autorin: Bianca Karwatt — Seite 29
Der beste Freund des Menschen — Seite 46
Da geblieben — Seite 48
Für meine Ehefrau — Seite 50
Nur ein Sandkorn — Seite 52
Schrankwand — Seite 54
Die Macht des Wortes — Seite 58
Nur ein Traum — Seite 60
Die Schreie der Elster — Seite 62
Hexen und Vampire — Seite 69
Der Adler kann nur fliegen, weil er zwei Flügel hat — Seite 72
Warum wir leben und warum wir sterben — Seite 74
Die Fliege — Seite 77

Andere Menschen	*Seite 82*
Der faule Apfel	*Seite 84*
Warum wir weinen	*Seite 86*
Die Reichen und die Armen	*Seite 87*
Dein Licht in der Dunkelheit	*Seite 89*
Vermissen	*Seite 90*
Tanz in den Mai	*Seite 91*
Saurierfangausrüstung	*Seite 93*
Engel werden geboren	*Seite 96*
Die Lichter deiner Stadt	*Seite 98*
Ein Brief an Gott	*Seite 100*
Dunkelheit und Stille	*Seite 103*
Der Stier aus Bronze	*Seite 106*
Der Spiegel	*Seite 110*
Die Erde auf der wir leben	*Seite 112*
Der schwarze Phönix	*Seite 114*
Andere Welten	*Seite 117*
Chaos	*Seite 124*
Die Liebe	*Seite 129*
Die Schokoladenseite und die dunkle Seite deiner Stadt	*Seite 130*
Zum Autor	*Seite 132*

Brief der Kinder an die Mutter

Hallo liebe Mama,

es tut uns leid, wenn wir auch dieses Jahr, wieder nicht zu Deinem Geburtstag und Muttertag kommen können, aber Du bist ja im Altenheim nicht alleine und wirst versorgt.

Du weißt ja, die Reise hatten wir schon lange gebucht und nun steht der Termin fest. Wir schicken Dir deshalb diese Zeilen hier. Sobald wir zurück sind, rufen wir Dich mal an.

Wir denken an Dich und haben Dich lieb.

Deine Familie

Mit Tränen in den Augen erinnert sich die Mutter, als sie diesen Brief liest.

Sie erinnert sich, an die schweren, aber auch glücklichen Zeiten, die sie als Mutter mit ihren Kindern verbrachte. ...

Unter Schmerzen gebar sie ihre Kinder.

Als sie die Kleinen an ihrer Brust stillte und sie die Wärme spürte.

Berge von stinkenden Windeln.

Sie hörte die ersten brabbelnden Worte und sie verstand jedes einzelne Wort, das schönste Wort hieß ... Mama.

Die ersten Schritte ... wie sie dann die kleinen, zarten Händchen hielt.

Als die Kleinen nachts nicht schlafen konnten ... hatte sie die Monster unter dem Bett verjagt und die Kleinen dann in den Schlaf gesungen.

Als sie dann zur Schule gingen und sie unermüdlich mit den Kleinen übte.

Den Trost, den sie spendete, als die erste Liebe der Kleinen zerplatze, wie eine Seifenblase.

Den Stolz, den sie spürte, wie ihre Kleinen groß wurden. Das Glück, das sie fühlte, als die Kleinen groß wurden und selber Kinder hatten.

Die Jahre purzeln in ihren Gedanken vorbei … Jetzt ist sie alt und ihre Worte sind manchmal wirr, aber niemand versteht sie.

Jetzt ist es ihr peinlich, dass sie selber Windeln trägt.

Jetzt kann sie manche Nacht nicht schlafen, aber es ist niemand da, der ihr Trost spendet.

Jetzt kann sie nicht mehr richtig schreiben, aber niemand übt mit ihr.

Jetzt ist sie alt, aber sie trägt immer noch Liebe in ihren Herzen.

Jetzt ist sie alt, aber sie versteht, dass ihre Kinder keine für sie Zeit haben, … denn sie ist eine Mutter.

Der alte Mann

Wenn du einsam bist ... und eine kalte Leere in dir spürst, die deine Seele frieren lässt.

Du dann in der dunklen Nacht, ruhelos durch die Straßen irrst und nicht weißt warum.

Du spürst, dass dir etwas fehlt, das du dir nicht erklären kannst ... jedes Mal, wenn du in deinem innersten die brennenden Schmerzen spürst und es dich nach draußen zieht.

Du nachts nicht schlafen kannst und du keine Wärme spürst, die dein Herz berührt.

Die dunklen Gassen, die deine Gefühle widerspiegeln, gefüllt mit aufgeplatzten Müllbeuteln. Das flackernde Licht einer alten, verrosteten Straßenlaterne, gespenstische Schatten an die kahlen Häuserwände wirft. Schatten, die wie Dämonen im Mondlicht zucken.

Dann fragst du dich ... was hat das alles für einen Sinn?

Dein Blick wandert die dunkle, dreckige Gasse entlang. Und plötzlich spürst du es, erst ein Hauch, dann wie ein Wind. Eine schemenhafte Gestalt am Ende der Gasse, in einem weiten dreckigen Umhang, die sich mühsam an den Mülltonnen zu schaffen macht.

Langsam gehst du näher ran und erkennst einen alten Mann, jede seiner Bewegungen scheint ihm eine Qual zu sein. Als du fast an ihn herangetreten bist, bricht er vor deinen Augen wie ein nasser Sack zusammen. Voller Angst und Panik beugst du dich über ihn und siehst in ein altes vernarbtes Gesicht, bedeckt mit Hunderten von Falten. Jede einzelne Falte scheint dir eine Geschichte erzählen zu wollen von einem erfüllten Leben. Das schneeweiße, schulterlange Haar liegt wie die Aura der Sonne um sein Gesicht. Du siehst in zwei himmelblaue, klare Augen, in denen sich die Sterne spiegelten. Die Augen ... sie sind so voller Güte und Wärme. Sie treffen dich wie ein Blitz. Diese Augen, sie starren dich an und blicken in das innerste deiner Seele.

»Soll ich einen Notarzt rufen?« Zitternd suchen deine Hände nach dem Handy.

Er legt mit letzter Kraft seine alte, faltige Hand auf deinen Arm. »Nein, meine Zeit ist gekommen, ich spüre es.«

Sein Blick wird stechend, du kannst die Schmerzen spüren, die dieser alte Mann in sich trägt.

Es sind die Schmerzen seiner Seele, die sein Herz zernarbt haben, wie sein Gesicht.

Mühsam formen sich leise Worte auf seinen Lippen und du gehst mit deinem Gesicht so nah ran, dass du seinen warmen Atem spürst.

»Das, was du suchst, das wirst du niemals in der dunklen Nacht, in den einsamen dreckigen Gassen finden. Suche danach, wenn die Sonne scheint, und öffne dein Herz. Lass Licht in deine Seele und sei offen für das Neue. Wenn du auch nicht weißt, was du suchst, so wird es dich finden. Sei immer bereit, es kann dich überall treffen, wenn du es nur zulässt.«

Seine Augen werden trübe und ein letzter Atemhauch lässt das Leben entgleiten. Vor deinen Augen zerfällt der alte Mann zu Staub. Ein leichter, warmer Windstoß lässt den Staub, wirbelnd wie eine Wolke, in den sternenklaren Nachthimmel steigen. Das flackernde Licht der alten, rostigen Straßenlaterne, lässt den Staub funkeln, wie Tau-

sende kleine Diamanten. Dann bist du wieder alleine. Aber etwas ist zurückgeblieben ... die Worte dieses alten Mannes haben dein Herz berührt und du weißt, du wirst deinen Seelenfrieden finden.

Anderswelten

Hmmm ... kann die Welt, in der wir leben, anders sein?

Vielleicht ist unsere Welt ja anders, als wir sie sehen ... oder jeder sieht die Welt mit anderen Augen?

Seid ihr bereit? Bereit die Welt einmal mit anderen Augen zu betrachten? Dann kommt mit mir ... in die Anderswelten.

Die Welt, wie wir sie sehen.

Zwei schillernd bunte Schmetterlinge, die wie Blätter im Wind, wirbelnd eine Melodie der Liebe tanzen.

Anderswelten.

Zwei männliche, schillernd bunte Schmetterlinge, die kämpfend in den Himmel steigen, versuchen sich gegenseitig die Flügel auszureißen. Jeder erstrebt die Gunst der Weibchen zu erreichen.

Die Welt, wie wir sie sehen.
Ein melodisches Vogelkonzert begrüßt die aufgehende Sonne und erfreut unser Herz.
Anderswelten.
Voller Aggression und Kraft posaunen die Vögel ihre Reviergrenzen, ›Hier wird kein anderer Artgenosse geduldet‹, jeder Artgenosse ein Feind ... bekämpft bis zur Erschöpfung.

Die Welt wie wir sie sehen.
Eine strahlend rote Erdbeere. Saftig, zuckersüß, so liebkost sie unsere Geschmacksnerven.
Anderswelten.
Die strahlend rote Erdbeere, nur da, um gegessen zu werden, damit die Samen auf der Frucht, selber wieder zu Pflanzen werden.

Die Welt wie wir sie sehen.
Ein buntes Blütenmeer im lauen, warmen Sommerwind, ... das wie Wellen gleicht, sanft hin und her schwingt.
Anderswelten.
Jede einzelne Blume, die versucht, die anderen zu unterdrücken. Die strahlendsten Farben, nur dem Zweck dienend, den anderen Blüten die In-

sekten wegzulocken, damit die eigene Blüte befruchtet wird.

Die Welt, wie wir sie sehen, die ist anders, als wir möchten.
Der niedliche Hund, ein treuer Weggefährte, ... in Anderswelten wird er gequält und dann gegessen
Die praktische Plastiktüte, ... in Anderswelten eine tödliche Falle für Tiere.
Das kleine Mädchen, das spielend über die Straße hüpft, ... in Anderswelten wird sie prostituiert.
Der liebe Mensch, der dich anlächelt und freundlich grüßt, ... in Anderswelten wurde er geschlagen.

Anderswelten ... das ist überall, man muss die Augen öffnen, dann kann man es sehen und auch fühlen.

Öffnet die Herzen, bringt Licht und Liebe in die Anderswelten, damit sie anders werden.
Es liegt an Euch, an jedem selbst.

Herzsplitter

Es ist einfacher ein Herz zu zerbrechen,als eine Glasscheibe zu zersplittern.
Ein einziges Wort reicht.

Unsichtbare Ketten

Ein Schatten ... keine frische, reine Luft zum Atmen. Keinen Sonnenstrahl, der wärmt. Flügel, die nicht fliegen. Kein Lächeln und keine Liebe, die das Herz berührt. Unerfüllte Sehnsucht, die sich in die Seele frisst.

Nur ein Schatten noch.

Langsam hebst du deinen Kopf. Ein letzter kleiner, goldener Sonnenstrahl, der dich berührt. Nur ein winzig kleiner Schritt, bevor die Tür sich schließt.

Unsichtbare Ketten, die dich halten. Geschmiedet aus Treue und Erinnerungen. Dein Körper schreit. Hoffnung entfesselt deinen letzten Mut und entflammt die ganze Kraft.
Nur ein winzig kleiner Schritt

Regen prasselt in dein Gesicht, der Wind zerzaust dein Haar. Als du nach oben siehst, reißt die dunkle Wolkendecke auf. Sonnenstrahlen wärmen deine Haut. Schreie von Möwen erfüllen dein Herz.

Du spürst, dass du lebst ... und du weißt, du hast das Richtige getan.

Sternenregen

Sie lag in meinen Armen und schmiegte sich an mich. Ich konnte ihren Atem und die Erregung spüren, die ihr weicher Körper ausstrahlte. Es war eine sternenklare, laue Sommernacht. Man konnte am Nachthimmel tausende von Sternen funkeln sehen, wie ein gewaltiges Meer aus kleinen glitzernden Lämpchen. Ich streichelte ihr weiches, braunes Haar, der riesige Mond ließ es leicht silbern schimmern.

»Habe keine Angst, meine Liebste«, hauchte ich zärtlich zu ihr. Ich ahnte, dass in meiner Stimme selbst ein Anflug von Angst klang und dass sie leicht zitterte. Ein schwerer Kloß lag in meinem Hals und ich musste schlucken.

»Wird es schnell gehen?« Ihre Stimme klang leicht gequält. Ihre feuchten Augen suchten die meinen und ich konnte Tränen darin sehen, die

Sterne schwammen darin, wie in einem Ozean. Zärtlich streichelte ich ihre Wange. Ich sah, wie sich ihr Brustkorb vor Erregung rasch hob und senkte.

»Du wirst nichts spüren«, versuchte ich sie zu beruhigen, obwohl ich selber vor Angst leicht zitterte.

»Was meinst du, gibt es ein Leben nach dem Tod?« Fragend sah sie mich an.

»Ich weiß es nicht, lass uns die letzten Augenblicke nicht mit solchen Gedanken quälen. Lass uns die Zeit, die wir noch haben, gemeinsam genießen. Es ist egal, was danach kommt, Hauptsache wir sind jetzt hier zusammen.«

Als sie wieder zu mir aufsah und sich ihre Lippen zu einer neuen Frage formten, zog ich sie ganz dicht zu mir ran und küsste sie zärtlich. Ihre Hände streichelten mich und ich zog ihr T-Shirt über ihren Kopf. Ihre Brüste zeichneten sich deutlich ab und ihre nackte Haut schimmerte im Mondlicht. Meine Lippen berührten ihren Bauch und sie stöhnte leicht. Sie legte sich auf das weiche Gras und sah mich auffordernd an. Ich konnte das Verlangen in ihren Augen sehen. Die Angst war verflogen, als wenn sich eine Nebelwand aufgelöst hat. Wir liebten uns und spürten unsere Körper. Ich streichelte ihren Hals, und als

wir dann in den Sternenhimmel blickten, sahen wir eine erste Sternschnuppe. Weitere glühende Funken wurden am Sternenhimmel sichtbar. Ein fantastischer Anblick, der zum Träumen einlud. Fasziniert beobachten wir den Funkenregen, der sich am Nachthimmel abzeichnete. So wunderschön, dass man die tödliche Bedrohung fast vergessen konnte. Da war sie wieder, die Angst.
»Hat es jetzt angefangen?«, fragte sie mich.
»Ja, wunderschön, nicht wahr?«

Meine Angst war auf einmal wie weggeblasen. Ich wusste, wir würden im Sternenregen untergehen ... aber unsere Liebe würde weiterleben ... wie ein winziger Hauch in der Unendlichkeit ...

Der Millionär und der Kutter

Stolz präsentierte der neue Besitzer der riesigen Motoryacht, sein Schiff der staunenden Menge. Wie ein großer, weißer Schwan liegt sie majestätisch im Hafenbecken. Man kann erahnen, wie sie, wie ein Windhauch über die Meere gleiten wird.

In diesem Augenblick legt ein kleiner Kutter neben der Yacht an. Er ist rostig und die Farbe blättert an einigen Stellen ab. Man kann sehen, dass er schon viele Male überstrichen wurde. An der einen Seite verunstalten hässliche Beulen das kleine Schiff.

Ein alter Mann, mit schneeweißen Haar und wettergegerbter, faltiger Haut, steigt aus dem kleinen Kutter. Langsam schlendert er dann den Pier entlang, der Menschenmenge entgegen.

Der stolze Millionär tritt den alten Mann entgegen. »Wie kannst du es wagen, deine dreckige Nussschale neben meiner teuren Yacht zu stellen?«

Fragend sah der alte Mann auf. »Wieso? Ist es dein Hafen? Gehört das Meer dir? Seit mehr als sechzig Jahren lege ich mit meinem Kutter hier im Hafen an.«

»Dein Kutter könnte an meine teure Yacht stoßen und sie beschädigen.«

Der alte Mann überlegte kurz. »Ja du hast ein wirklich schönes Schiff, welche Meere wirst du denn bereisen?«

Der Millionär lachte auf und seine Goldkette blitzte in der Sonne. »Die Yacht hat Millionen gekostet, sie ist viel zu wertvoll, als das sie auf den Meeren schwimmen sollte. Nicht auszudenken, wenn ihr etwas passieren würde.«

Der alte Mann wird traurig, wehmütig fängt er zu erzählen an. Eine Geschichte von seinem kleinen Kutter.

Eine Geschichte, die auch sein eigenes Leben erzählt. Ein Leben voller Freude und Leid, voller Gefahren und Glück.

Er erzählt von den Abenteuern, die er als junger Mann, mit seinem Kutter auf den Weltmeeren erlebte. Wie er in einen gewaltigen Orkan geriet. Wie es war, als sich dunkle Wellen, wie eisige Gebirge auftürmten und dann wie ein tosender Wasserfall über ihn zusammenbrach. Die Angst, die er dann spürte, als der Sturm ihm die Luft zum Atmen nahm. Das Glück, das er dann jedes Mal empfand, wenn sich sein kleiner Kutter, wie eine winzige Nussschale, aus den Wassermassen kämpfte.

Er erzählt von fernen Ländern, Freunden, die er kennen lernte und wie er diese Freunde wieder an das Meer verlor.

Von den einsamen, weißen Stränden in der sonnendurchfluteten Südsee. Und wie er seine große Liebe fand.

Die Menschenmenge stand im Halbkreis um den alten Mann, mit offenen Mündern und Sehnsucht in den Herzen lauschten sie seinen Geschichten.

Jetzt trat der Mann so dicht an den Millionär heran, dass dieser seinen Atem spürte. »Das tolle, teure Schiff im Hafen, es wurde gebaut um die Meere zu bereisen«, … jetzt drehte er sich um und sprach mit rauer Stimme in die Runde. »Genauso ist es mit dem Leben, wenn eure Seele im sicheren Hafen liegen bleibt, aus Angst sie könnte verletzt werden. Nie werdet ihr den Wind des Lebens in euren Haaren spüren. Nie werdet ihr wissen, wie es ist, wenn die Angst durch eure Herzen kriecht. Nie werdet ihr wissen, wie es ist zu leben.«

Der alte Mann kehrte den betroffenen Menschen den Rücken zu und ging zu seiner kleinen Hütte, wo seine liebe Frau auf ihn wartete.

Freunde für 36 000 Jahre
Co- Autorin: Bianca Karwatt

›Unglaublich‹, dachte ich, als ich es las.

Neueste DNA Analysen ergaben, dass die ersten Hunde schon vor 36 000 Jahren mit den Menschen zusammengelebt haben müssen. Grabfunde sollen dieses bestätigen.

36 000 Jahre, ... das sind über 20 000 Jahre, bevor die ersten anderen Haustiere gezogen wurden.

Wie mag es gewesen sein, ... damals? Wie sah unsere Welt damals aus? Wie kam der Hund, der ja damals ein Wolf war und auch heute noch ist, zu den Menschen?

Ich begann zu recherchieren, vor meinen Augen setzte sich eine fremde Welt zusammen. Fremd und unwirklich. Eine Welt, wie sie vor 36.000 Jahren existierte.

Eine Wölfin, mit ihren drei Jungen, streifte durch eine abstrakte Welt. Eine weite baumlose Landschaft bedeckt mit saftigen, grünen Gräsern, unzähligen bunten Blumen, die wie ein Meer, im starken Wind, hin und her wiegten.
Durchzogen mit flachen, kristallklaren Seen und endlosen Mooren.
Am Horizont zeichnete sich ein bizarrer Eispanzer, wie ein weißes Band ab, mehrere Hundert Meter hoch.

Tapsend folgte die kleine Wölfin mit ihren beiden Geschwistern der Mutter, die immer stehen blieb und sich nach ihren Jungen umsah. Es war ihr erster Jagdausflug, … für sie ein Spiel, alles fremd, die Welt entdeckend, sich nicht den Ernst ihrer Lage bewusst.
Sie mussten lernen zu jagen und zu töten um zu überleben. Sie folgten ihrer Mutter durch das hohe, dichte Gras. Es roch nach frischen, bunten Blumen, ein Summen tausender kleiner Mücken begleitete sie. Ihre Mutter fiepste auf, … das Zei-

chen kannten sie, sie sollten stehen bleiben. Die Mutter stierte gebannt auf ein Grasbüschel. Ihre Sehnen waren angespannt und ihr Schwanz wirkte wie versteinert, eine gerade Linie bildend.

Das Grasbüschel bewegte sich wieder, die Wölfin machte einen Satz, ein Fiepen.

Sie hatte einen Lemming gefasst. Sie biss ihn aber nicht tot, sondern brachte ihn zu ihren Welpen, die sie mit schiefem Kopf ansahen.

Die Kleinen wussten nicht, was das jetzt sollte, Hunger hatten sie, bekamen sie doch sonst Fleischbrocken von den anderen Rudelmitgliedern vorgewürgt.

Das war neu, der kleine Lemming erweckte sofort das Interesse der kleinen Wölfin und sie zog ihn aus der Schnauze der Mutter, doch sie war noch zu ungeschickt.

Blitzschnell entwischte der Lemming und ihre Geschwister huschten hinterher, … überschlugen sich und fingen an zu spielen. Noch war es Spaß und Spiel, sie mussten aber lernen.

Ihre Mutter fing wieder an zu fiepsen, … oh wieder was zum Spielen?

Erwartungsvoll duckten sie sich in das dunkelgrüne Gras.

Nein irgendetwas war anders, ihre Mutter benahm sich eigenartig.

Jetzt bemerkten sie es auch, ein merkwürdiger Geruch, er roch irgendwie streng.

Instinktiv duckten sich die Kleinen tiefer. Ihre Mutter begann zu knurren und zu scharren, sie machte auf sich aufmerksam, aufmerksam um die Gefahr von ihren Kindern abzulenken.

Der Geruch wurde unerträglich. Da sahen sie schemenhaft durch das Gras, eine große Gestalt, mit gelbem Fell. Es kam näher, von den Geräuschen der Mutter angelockt.

Eine riesige Katze mit gelbem Fell und langen Reißzähnen.

Die Mutter durfte die Säbelkatze nicht näher herankommen lassen, sonst hatte sie keine Chance.

War die Katze auf kurze Strecke ihr an Schnelligkeit überlegen, so musste sie bei der Flucht einen Vorsprung haben und ihre Ausdauer ins Spiel bringen.

Sie setzte zur Flucht an und schaute sich um, ob die Säbelkatze ihr auch folgte.

In Panik quietschte der kleine Lemming los, die Wölfin war aus Versehen auf den Lemming getreten, dieser flüchtete quietschend auf die Jungen zu.

Oh das Spielzeug kommt zurück, … sofort waren die kleinen Wölfe abgelenkt und einer sprang auf den Lemming zu.

Ein fataler Fehler, die Säbelkatze bemerkte jetzt die kleinen Wölfe.

Sie waren eine bessere und leichtere Beute. Sie hatte ja auch ihre Jungen zu füttern, die schon Stunden, mit hungrigen Bäuchen auf sie warteten. Jetzt ging sie geduckt, schnurgerade auf die kleinen Wölfe zu.

Die Wölfin bemerkte die Absicht der Säbel-katze sofort. Sie musste ihre Jungen schützen und warf sich zwischen die Säbelkatze und den Jungen. Sie sträubte ihr Fell und mit weit aufgerissenen Augen, die zu funkeln schienen, fixierte sie ihre imposante Gegnerin.

Die Katze war ein wahres Muskelpaket, jeder einzelne Muskelstrang zeichnete sich unter dem gelblichen Fell ab, sie war viermal größer als die Wölfin. Die Pranken mit rasiermesserscharfen Klauen bewehrt.

Die Säbelkatze erkannte sofort, dass es zu einem direkten Zweikampf kommen sollte.

Ihr Körper spannte sich wie eine Feder und wie eine Pistolenkugel schnellte sie vorwärts.

Die Wölfin konnte gerade noch ausweichen.

Die Säbelkatze riss ihr Maul weit auf und versuchte die Wölfin zu fassen, einer ihrer langen Reißzähne streifte die Wölfin an der Schulter. Sie setzte sofort mit der Pranke nach. Die Wölfin konnte auch diesmal ausweichen, sie spürte den Luftzug der Pranke.

Dieser Hieb wäre für die Wölfin tödlich gewesen. Der Reißzahn aber hatte eine tiefe, klaffende Wunde gerissen, die wie Feuer brannte.

Sie merkte, wie das Blut ihr Fell verklebte, noch könnte sie versuchen sich durch eine Flucht zu retten, aber sie konnte ihre Kinder nicht im Stich lassen. Sie nahm ihre ganze Kraft zusammen … Sie sah den nächsten Prankenhieb nicht kommen, der ihren Brustkorb zerfetzte.

War sie sonst die Jägerin, so war sie jetzt die Beute und der Kreis der Natur schloss sich für sie.

Die Säbelkatze packte den leblosen, schlaffen Körper - er war warm und weich. Jetzt hatte sie Futter für ihre beiden Jungen, die nicht weit entfernt mit hungrigen Bäuchen warteten. Die jungen Wölfe hätte sie auch noch töten können, aber es war nicht ihre Natur, sie tötete nur, was sie zum Überleben brauchte.

Die kleinen Wölfe waren wie gelähmt, der Überlebenskampf ihrer Mutter brannte sich in ihr Gehirn. Eine Stille umgab sie - sie wirkten einsam und verloren in dieser fremden Welt. Sie konnten nur hoffen, dass das Rudel sie suchte und fand, sonst wären sie verloren.

Ich spürte etwas Nasses, Feuchtes an meinem Bein und schreckte hoch.

Meine Gedanken an diese Welt, wie sie war, vor 36000 Jahren - verflogen wie der Nebel im Wind.

Meine kleine Dackel-Mixhündin Anna stupste mich mit ihrer Nase an, schaute dann mit ihren Knopfaugen und schiefgelegten Kopf zu mir.

Ach, es ist ja schon sieben Uhr, ich hatte bei den Gedanken nicht gemerkt, wie die Zeit verflog. Die kleine Anna musste raus.

Als wenn sie eine innere Uhr hatte, wusste sie genau, wann ihre Zeit war. Wie ein Gummiball hüpfte sie auf und ab. Als ich dann die Haustür öffnete, schoss sie wie ein Blitz hinaus, hinaus auf die grüne Wiese vor der Tür.

Ich folgte ihr einige Schritte bis zu der alten, knorrigen Holzbank und setzte mich. Ich beobachtete Anna, wie sie schnüffelnd durch das weiche Gras lief, eine Welt, die sie nicht sehen konnte. Sie war fast blind, aber sie kannte diese Welt nicht anders, sie war schon als kleiner Welpe fast blind.

Für sie war es normal, sie fand sich wunderbar zurecht. Ihr Geruchssinn und das Gehör waren ausgezeichnet. Naja, zumindest wenn ich sie nicht rief.

Sie sah die gelbe Katze nicht, die sich geduckt durch das grüne Gras anschlich. Die Katze kauerte sich hinter einem Grasbüschel und lauerte auf Anna, die sich langsam, mit erhobenem Schwanz auf sie zu bewegte.

Die gelbe Katze war jetzt angespannt - ein Muskelpaket, wie zu einer Feder gekrümmt, jeder Muskel zeichnete sich durch das Fell ab. Sie war etwa genauso groß wie Anna.

Wie eine Pistolenkugel schoss sie auf Anna zu. Anna konnte dem Angriff reflexartig ausweichen, aber die Katze setzte sofort nach und die beiden kullerten wie ein Knäuel über die Wiese. Die Katze ließ ab und hüpfte wie ein Kaninchen, mit kerzengeradem Schwanz, einige Meter und wartete auf Anna.

Anna setzte sofort nach, die Nase im Gras der Spur folgend. Als sie nahe genug dran war, wiederholte sich das Spiel von vorne.

Sie waren Freunde seit dem letzten Jahr und jeden Tag bei schönem Wetter wiederholte sich die Zeremonie.

Die warme Maisonne schien mir ins Gesicht. Schmetterlinge taumelten wie Blätter im Wind, von Blüte zu Blüte und von den nahen Bäumen ertönte ein melodisches Vogelkonzert.

Ich wurde schläfrig. Wie aus weiter Ferne hörte ich Stimmen, die näher kamen.

Zwei Jungen und eine Frau gingen durch das weiche, hohe Gras, sie hatten Körbe aus geflochtenem Schilf auf dem Rücken und sammelten frische Blätter Löwenzahn.

Obwohl die Jungen schlank gebaut waren, so waren sie doch muskulös und braun gebrannt.

Sie hatten weich gegerbte Lederteile um ihre Schultern gebunden.

Jeder von ihnen hatte einen langen Speer, mit einem Schaft aus weißem Birkenholz.

»Hier ist was«, rief der Kleinere der Jungen.

Ich lief schnell zu der Stelle, an der mein jüngerer Bruder kniete.

Die Stelle war plattgedrückt, überall waren Spritzer von Blut.

Ich stocherte mit meinem Finger in dem Blut und schmeckte es, es war noch frisch.

Es konnte noch nicht viel Zeit vergangen sein, als hier ein Kampf auf Leben und Tod stattfand.

Meine Mutter kam jetzt auch näher.

»Lasst uns umkehren und zurück zur Sippe gehen, das ist was für die erwachsenen Jäger, es ist zu gefährlich. Schaut euch die Abdrücke an, das war ein Säbelzahntiger. Los kommt, wir haben genug gesammelt. Es wird auch bald dunkel.«

Mein Bruder und ich wollten unserer Mutter gerade folgen, als ich aus dem Augenwinkel eine Bewegung sah.

Es lief mir eiskalt über den Rücken und meine Haare sträubten sich, ich dachte an den Säbelzahntiger, dessen Spur wir gesehen hatten.

Ich griff meinen Speer so fest, dass es fast in der Hand weh tat. »Gefahr«, rief ich.

Wir blieben wie versteinert stehen. Da war es wieder! Vor uns im dichten, hüfthohen Gras war wieder die Bewegung.

Mein Speer zielte in die Richtung, ich war von uns der Stelle am nächsten. Eine Flucht wäre sinnlos, wir mussten uns dem Kampf stellen.

Jetzt würde es sich zeigen, ob das, was ich jahrelang im Spiel geübt hatte, mein Leben retten konnte.

Sollte der Säbelzahntiger springen, so hatte ich nur die Chance, meinen Speer von unten in den Bauch zu drücken.

Mein ganzer Körper war gespannt, das Gras teilte sich - jetzt konnte ich es erkennen.

Es war ein kleiner Wolf, der mich verdutzt ansah.

Ich merkte, wie meine Anspannung abfiel - dieser kleine Wolf war keine Gefahr.

Selbst ein ausgewachsener Wolf würde uns nie angreifen.

Ich ließ den Speer sinken und bückte mich.

Der Wolf war ein heiliges Tier und noch nie vorher war es einem Menschen gelungen, so nah an einen heranzukommen.

Es durchfuhr mich wie ein Geistesblitz, die Säbelkatze musste die Mutter der Kleinen getötet haben.

Jetzt kamen auch die anderen beiden Wolfswelpen hervor. Sie wirkten fast zutraulich. Beherzt packte ich zu und nahm eines der Wolfsjungen hoch.

Was würden die anderen der Sippe sagen, wenn ich mit einem heiligen Tier zurückkommen würde?

Ich überzeugte meine Mutter, die Wölfe mitzunehmen. Bei meinem kleinen Bruder brauchte ich nicht viel zu sagen, er war sofort Feuer und Flamme von meiner Idee.

Wir packten die drei kleinen Wölfe und machten uns auf den Rückweg. Das Lager unserer Sippe war noch einen guten Fußmarsch entfernt.

Es war der erste direkte Kontakt zwischen Mensch und Wolf ... vor über 36 000 Jahren.

Etwas ließ mich hochschrecken, ein herzzerreißendes Jaulen.

Ich musste eingenickt sein und sprang hoch. Anna, wo war Anna?

Da war es wieder, aus weiter Ferne ... dieses Jaulen. Voller Panik sprintete ich los, stolperte und lief weiter.

Anna, wenn ihr was passiert ist.

Ich rannte, als wenn der Teufel hinter mir her ist, über die Wiese. Wo war sie nur?

Ich fing an zu schnaufen wie ein Walross, vollkommen aus der Puste kam ich an den kleinen Fluss, der die Wiese, wie ein schmutziges, braunes Band durchschnitt. Rauschend und gurgelnd schoss er dahin.

Da sah ich die kleine Anna. Auf der anderen Seite des Baches. Dort lag ein Ast am anderen Ufer. Anna klammerte sich an dem Ast fest.

Sie konnte sich kaum halten, immer wieder tauche der kleine Kopf in der Strömung unter. Man konnte genau sehen, dass sie am Ende ihrer Kräfte war.

Die Katze saß auf den Ast und angelte mit der Pfote nach Anna, es wirkte alles irgendwie unwirklich.

Anna musste der Katze gefolgt sein, und als diese elegant über den Bach sprang, musste Anna in die Fluten gefallen sein. Sie konnte ja nicht richtig sehen.

Ohne weiter zu überlegen, zog ich hektisch meine Sachen aus und stieg in den gurgelnden Bach.

Das trübe, braune Wasser reichte mir bis zur Brust, es war eisig kalt.

Nur noch wenige Zentimeter, dann konnte ich Anna greifen.

Jetzt hatte ich sie. Ich begann zu wanken und rutsche auf den schleimigen, zähen Untergrund aus. Mit ganzer Kraft warf ich die kleine Anna an das rettende Ufer.

Ich verlor jetzt vollends den Halt.

Das kalte Wasser klatsche über meinen Kopf zusammen. Es füllte meine Lungen und ich schmeckte ekligen, sandigen Lehm.

Der Versuch, mich panisch aufzurichten misslang, die Strömung drückte zu stark gegen meinen Körper.

Meine Gedanken wirbelten, wie Blätter im Wind, durcheinander.

Ich versuchte, einen Gedanken zu greifen. Er zerfloss wie Sand zwischen meinen Fingern.

Alles rückte irgendwie in weite Ferne und schien wie in Watte gepackt.

Was die anderen wohl sagen würden?

Wir hatten heilige Tiere gefangen. In einiger Entfernung konnte ich eine dünne Rauchsäule am Horizont aufsteigen sehen.

Der Korb auf dem Rücken mit den Wolfswelpen wurde schwer. Die Trageriemen schnitten ins Fleisch und fingen an zu schmerzen.

Wir erreichten das Lager noch rechtzeitig, bevor die Sonne unterging. Jetzt mussten wir noch an den spitz hochreichenden Zelten vorbei, die sich wie ein Kreis um die Mitte des Lagerplatzes reihten.

Die Jäger mussten schon zurück sein, denn die ganze Sippe hatte sich um das Feuer in der Mitte versammelt, wir waren so um die Dreißig Leute. Als wir in den Kreis traten, sahen uns alle erwartungsvoll an, denn mein breites Grinsen war nicht unbemerkt geblieben.

»Seht was wir gefangen haben«, sagte meine Mutter.

Jeder von uns setzte seinen Korb ab und wir holten die Wolfsjungen hervor. Auf einmal war es totenstill, ich konnte jeden Atemzug hören.

Mein Wolfswelpe wand sich aus meinen Händen, er hatte Hunger. Hunger, der in ihm brannte, der ihn alles vergessen ließ. Er roch das frische Fleisch, welches am Feuer trocknete.

Wie hypnotisiert stakste er auf das duftende Fleisch zu. Hastig schnappe er nach dem Fleisch, er jaulte entsetzt auf. Damit hatte er nicht gerechnet, das Fleisch biss zurück - es war noch zu heiß.

Ein plötzliches Gelächter durchbrach die Stille, der Bann war gebrochen, alle redeten auf einmal los. Jeder wollte wissen, wie wir die heiligen Tiere gefunden haben, jeder wollte sie anfassen.

Seitdem gehörten die drei Wölfe zu unserer Sippe. Ein Band der Freundschaft war geknüpft vor 36 000 Jahren.

Ich spürte, wie das reißende Wasser langsamer wurde. Panik beherrschte seit Minuten meine Gedanken. Die Kontrolle über meinen Körper hatte ich vor einer gefühlten Ewigkeit verloren.

Plötzlich spürte ich einen Schmerz in der Schulter – einen höllischen Schmerz. Der Wind trug Hundegebell an mein Ohr – Anna!

Bevor ich nach ihr rufen konnte, füllte sich mein Mund erneut mit Wasser – ich tauchte unter. Da war er wieder – der Schmerz. Dunkle Schwaden zogen vor meine Augen. Ich fühlte, wie ich nach oben gezogen wurde. Unerwartet tauchte ein Gesicht direkt vor meinem auf. Hände griffen nach meinem Körper und zerrten mich über die Felsen. Mein Kopf knallte in dunkle Erde. Luft verdrängte das Wasser aus meinen Lungen – ich musste husten. Eine Stimme drang an mein Ohr: »Atmen, junger Mann, atmen. Alles wird gut.«

Ein raues, rosafarbenes Läppchen wischte mir über die Nase. »Anna, meine Anna.« Ich flüsterte zu ihr. Es waren zwar keine 36.000 Jahre vergangen, aber die Freundschaft zwischen meinem Hund und mir hatte Bestand.

Der beste Freund des Menschen

Seit Jahrtausenden ist der Hund des Menschen treuester Gefährte. Die ersten Hunde sind vor 36.000 Jahren, von unseren Urahnen gezüchtet worden, und zwar aus dem europäischen Wolf.

Es war zu der Zeit, als die letzte große Eiszeit ihren bizarren Eispanzer nach Norden zurückzog und weite baumlose Landschaften zurückließ. Weite Landschaften mit saftigen grünen Gräsern, weiten endlosen Mooren.
Saftige Weiden für Zehntausende von Riesenhirschen, Elchen und Wollnashörnern, die sich an dem fetten, grünen Gras labten.

In dieser weit entfernten Vergangenheit, vor Jahrtausenden, bildeten der Mensch und der Hund die perfekte Einheit.

Eine Einheit, bei dem täglichen Kampf um Leben und Tod.

Freunde fürs Leben, Bett und Beute teilend, das frische blutige Fleisch noch warm verzehrend. Eine Einheit, im Einklang mit der Natur lebend und dem Ruf der Wildnis folgend ...

Heute ein trostloses Bild - mit platt gezüchteten Nasen, nach Atem ringend, deformierten Knochen und vortretenden Glupschaugen.

Nur noch ein Schatten seiner stolzen reinen Art.

Da geblieben

Du spürst ein warmes Kribbeln an deinen nackten Füßen. Langsam schaust du an dir hinab, siehst, wie Wasser den weißen Sand umspült und deine Spuren im Strand verwischt. Du spürst den warmen, lauen Sommerwind, wie er dein Gesicht liebkost und durch deine Haare streichelt.

Du hörst die Schreie der Möwen im Wind und blickst dann hinaus, auf das weite, blaue Meer. Eine einzelne kleine, weiße Wolke schiebt sich wie, ein Wattebäuschchen vor die goldene Sonne.

Deine Fantasie lässt ein Gebilde entstehen, ein Gebilde, dass eine Geschichte erzählt. Eine Geschichte von deinem Leben. Deine Fantasie trägt dich an weit entfernte Orte … Orte voller Magie und Liebe.

Gerne wäre ich an diesen Ort gewesen … an dem Strand … gerne hätte ich gespürt, wie die Wellen meine Füße streicheln. … Das Schreien der Möwen im Wind konnte ich hören, fast wäre ich da geblieben.

Für meine liebe Ehefrau, nach zwanzig Ehejahren

Lange ist es her ... als wir uns kennen lernten.
Lange ist es her ... als wir uns lieben lernten.
Ein schillernder Schmetterling,
der wirbelnd seine Flügel schlägt.
Ein buntes Blumenmeer,
das sich im Winde wiegt.
Warme goldene Sonnenstrahlen,
die mein Herz berühren
... das alles, das bist du.

Zeit, die wie Sand zwischen den Fingern zerrinnt.
Gemeinsame Jahre,
die zerfliegen wie eine Nebelwand.

Was bleibt, sind Erinnerungen.
Erinnerungen ... an tolle glückliche Jahre,
voller Liebe und Wärme
... das alles, das bist du.

Erinnerungen ... an Schmerz und Leid.
Freunde die von uns gingen,
deren Seelen nun treiben in der Unendlichkeit,
der Halt und der Fels in der Brandung
... das alles, das bist Du.

Jahre, die noch kommen werden.
Jahre, die unsere Gesichter zeichnen werden,
voller Falten und mit grauem Haar.
Jahre, die uns noch bleiben,
Jahre voller Glück und Liebe.
Jahre, voller schwerer Last, die sich in unsere Seele frisst.
Jahre, die vergehen werden, ohne Angst im Herzen ... vor dem älter werden.

Jahre, die ich mit Dir erleben möchte,
weil ich Dich liebe.

Nur ein Sandkorn

Ein winzig kleines Sandkorn. Du nimmst es zwischen deinen Fingern, man kann es kaum erkennen.

Du hältst es gegen die Sonne und siehst, wie sich das Licht der goldenen Strahlen darin bricht.

Das winzige Sandkorn hat kleine Ecken und Kanten, aber es funkelt, wie ein kleiner Diamant, jetzt kannst du sie sehen, die wunderbare Schönheit.

Du lässt es fallen, wie eine Schneeflocke taumelt es, in Zeitlupe, in deinen Gedanken zu Boden.

Als es auf die anderen Sandkörner trifft, verschmilzt es, mit all den anderen zu einem wunderschönen, schneeweißen Strand, der von einem himmelblauen Meer, sanft umspült wird.

Jedes einzelne Sandkorn für sich, eine faszinierende Schönheit, verschwimmt in der unendlichen Masse. Jedes einzelne Korn verliert an Bedeutung, aber alle zusammen sind ein Teil des Strandes in der Brandung.

Genauso ist es mit den Menschen … jeder Einzelne für sich, egal ob gut oder böse … ein einmaliges Juwel. Jeder Einzelne verliert in der Menschenmenge an Bedeutung … doch sind wir alle Menschen … Menschen im Strudel der Zeit und ein winziger Teil eines Ganzen … dem unendlichen Universum.

Man sagt, vor fast zweitausend Jahren sei der Heilige Geist auf die Erde entsandt worden. Nur haben wir in den zweitausend Jahren den Sinn begriffen, dass wir Teil eines Ganzen sind?

Schrankwand

Heute sollte sie endlich kommen - unsere neue Schrankwand.

Meine Frau hatte sie alleine ausgesucht. Ich mochte dieses kastenförmige Aussehen nicht. Es erinnerte mich an aufeinandergestapelte Kisten, in denen sonst Apfelsinen verkauft wurden.

Meine Einwände, dass unsere anderen Möbel eher einen altmodischen Stil haben und da etwas anderes besser zu passen würde, was nicht ganz so eckig war, wurde mit einem einzigen Satz weggewischt.

»Ich will auch mal etwas Moderneres.«

Meine weiteren Versuche, die Aufmerksamkeit auf die etwas verschnörkelte Variante zu lenken, schlugen fehl.

Ich ahnte im Stillen bereits, worauf das Ganze hinauslief und spielte in Gedanken die kommenden Tage durch.

»Hm, irgendwie wirkt die neue Schrankwand nicht.« Meine Frau stand zweifelnd davor.
»Habe ich doch gesagt.« Meine Antwort war knapp und klingt mürrisch.
»Es müsste mal eine neue Tapete her.« Meine Frau sah die Wände an und drehte sich dabei langsam im Kreis, bis ihre Augen auf meine trafen.
Was sollte ich jetzt sagen? »Da hast du Recht, Schatz.«

Eigentlich mochte ich die alte Tapete. Vor acht Jahren hatte ich mühsam jede einzelne Bahn angebracht. Es musste ja unbedingt die mit dem Blumenmuster sein.
Ich kannte jede Ecke dieser Tapete. Wochenlang kämpfte ich mit den sich lösenden Bahnen, bis ich endlich die Erleuchtung hatte - Sekundenkleber!
Die 138 Tuben Sekundenkleber überstiegen die Kosten der gesamten Tapete bei weitem. Meine Frau erfuhr es natürlich nicht, wer weiß, was sonst geschehen wäre.

Der Blick meiner Frau wanderte nach unten. »Ein neuer Teppich wäre auch nicht schlecht, am besten gleich passend zur neuen Schrankwand.«

Hätte ich doch damals bloß Laminat verlegt! Aber nein, es musste ja unbedingt ein lilafarbener Teppich mit einem komischen Karomuster sein. Das war ja vor zwölf Jahren modern.

Die Hausklingel riss mich aus meinen Gedanken, meine Frau war schon an der Tür. »Paket für Sie!«, hörte ich die Postbotin rufen.

Ich sah, wie sich die Gesichtszüge meiner Frau, von fröhlich lächelnd zu enttäuscht hängend, änderten.

Zwei Pakete, ungefähr einen Meter lang und dreißig Zentimeter breit.

»Das ist alles?« Ich konnte den enttäuschten Unterton in der Stimme meiner Frau hören.

»Mehr habe ich nicht«, sagte die Postbotin.

Da stand sie nun - die 2,30 Meter lange Schrankwand - in zwei Paketen.

»Da fehlt doch etwas.« Ich merkte, wie sich langsam Wut in meiner Frau aufstaute.

Das war meine Chance, die ich sofort nutzen musste.

»Schatz, wenn wir die Pakete aufmachen und etwas fehlt, das dauert bestimmt ewig, bis wir dann Ersatz bekommen. Bestimmt haben die dann auch die Schrankwand nicht mehr da, zumindest nicht in deiner Farbe.«

Mein Einwand fruchtete, wir riefen die Zustellerin zurück. Mit einem bösen Blick nahm sie die Pakete wieder mit.

Der Tag war gerettet. Am Abend machte ich es mir bei einem Bier gemütlich. Heute war ja Fußball.

Ich saß in meinem alten, urgemütlichen Fernsehsessel und hatte die Füße hochgelegt.

Meine Frau blätterte in einem Katalog. »Schatz, schau doch mal. Diese grüne Sitzgarnitur ist wunderhübsch, meinst du doch auch, oder? Die passt doch wunderbar in unsere Stube. Soll ich die gleich bestellen?«

Oh, mein Gott.

Die Macht des Wortes

Hilfe!
Mein Wort wird angegriffen. Zwei riesige Augen setzen sich auf mein Wort und umschlingen es.
Was soll ich machen? Hilflos sehe ich zu, wie es nach unten gedrückt wird.

Grüner, zäher Schleim tritt aus den Augen hervor und zerfließt auf meinem Wort. Ich versuche den Schleim runter zutreten, wie im Morast bleibt mein Fuß im Schleim stecken. Ich schaue mich panisch um, ist keine Hilfe in Sicht? Je mehr ich trete, desto zäher wird der eklige, grüne Schleim. Mein schönes Wort ist fast bedeckt.

Aber ich habe die Macht meines eigenen Wortes unterschätzt. Es beginnt zu leuchten und wie mit kristallklaren, scharfen Klingen, zerschneiden die leuchtenden Strahlen den grünen Schleim.

Das hatte ich nicht erwartet, man sollte nie die Macht eines Wortes unterschätzen.

Es kann alles bewirken und alles geben, aber auch verletzen.

Man sollte die Macht des Wortes mit Bedacht einsetzen.

Ein Wort kann Frieden und Liebe geben. Das Herz erwärmen und die Seele erfreuen.

Ein Wort kann Hass und Kriege auslösen. Die Seele gefrieren lassen.

Denkt daran immer, bevor es unbedacht ausgesprochen wird.

Nur ein Traum

Warme Nebelschleier, die dich umhüllen, wie eine weiche, weiße Decke.

Gedanken, die wie bunte Schmetterlinge, im lauen Sommerwind, in einem riesigen Blütenmeer tanzen.

Erinnerungen, die dein Herz berühren ... Erinnerungen an deine große Liebe.

Eine Liebe, die Zeichen auf deine Seele schrieb, damit du ... wann immer du traurig bist und Sorgen dich quälen ... du dich an sie erinnern kannst.

Nur ein Traum?

Nein, es war die Wirklichkeit, aber was bleibt, sind Erinnerungen.

So träumst du auch, wenn du wach bist, deinen Traum von der großen Liebe.

Du träumst, was wäre, wärst du bei mir. Könnte ich doch nur deine Wärme und deine Nähe spüren.

Ein warmer Atem in deinem Gesicht und ein lieblicher Duft zerreißt den Traum, wie ein Windhauch die Wolkendecke. Alles Glück dieser Erde, aller Reichtum ... das liegt neben dir in deinen Armen ... die Wirklichkeit, ist wie ein Traum in deinen Armen ... und ohne dich, ist der Traum nicht die Wirklichkeit.

Die Schreie der Elster

Ihr wollt eine Geschichte? Ich erzähle euch eine.

Eine Geschichte, die schon unsere Urahnen erzählten. Unsere Urahnen, die zu Zeiten lebten, als es noch keine Autos, Städte und elektrischen Strom gab. Zu einer Zeit, als unsere Urahnen noch nicht wussten, dass die Erde sich um die Sonne drehte und davon, das die Sterne am Himmel, selber Sonnen waren.

Zu einer Zeit, als Magie und Zauber die Welt beherrschte. Eine Geschichte, wie sie erzählt wurde an den Lagerfeuern in der Nacht.

Lasst uns zusammenrücken und die Wärme des Feuers spüren. Das Feuer, das uns wärmt in kalten Nächten und uns zusammen schmiedet.

Die Zeiten sind schon seit Jahrtausenden vorbei, die Zeiten, als die Väter unserer Väter mit ihren Sippen den großen Herden folgten.
Damals sah die Welt noch anders aus, so erzählten es die Ältesten.

Weite Landschaften mit nahrhaften Gräsern, welche sich wie Wellen eines grünen Meeres im Wind hin und her wiegten.
Mit Tausenden und abertausenden von Mammuts, Uhrochsen, Wollhaarnashörnern und anderen Tieren.
Unsere Urahnen folgten ihnen auf den Wanderungen der Jahreszeiten, immer gefolgt von eisiger Kälte und den bizarren Eispanzern, die am Horizont wie eine weiße Wand in den blauen Himmel ragten.

Diese Zeiten sind vorbei, dahingeschmolzen wie das Eis in der Sonne. Die Welt unserer Vorväter hat sich gewandelt.
Verschwunden sind die weiten, endlosen Steppen. Verschwunden sind die Tiere, die das saftige Gras weideten und die Büsche und Bäume kurz hielten.
Geprägt war die Landschaft jetzt von dichten Wäldern. Uralte, knorrige Bäume bilden ein dich-

tes, dunkelgrünes Blätterdach. So dicht, dass die goldenen Sonnenstrahlen wie Finger auf die laubbedeckte Erde zeigen.

Das letzte Mammut wurde noch von meinem Vater erlegt. Eine einst stattliche Kreatur mit zotteligen, langen Fell und starken, gebogenen Stoßzähnen. Eingeklemmt zwischen zwei Bäumen - so wurde es von den Jägern gefunden und erlöst.

Die großen Herden waren verschwunden, andere Tiere kamen. Wildschweine, Rehe und Riesenhirsche, das war jetzt unsere Beute. Wir mussten keine weiten Strecken mehr mit den Tieren wandern, es war aber umso schwerer Beute zu machen. Beute die das Überleben unserer Sippe sicherte.

Manchmal hatten wir Jäger tagelang keinen Erfolg. Wir mussten das essen, was unsere Frauen und Kinder aus der dreckigen Erde gruben. Wurzeln, Käfer und Würmer, dabei war das nahrhafte Fleisch doch so wichtig für unsere Existenz.

Doch die Unglücksvögel verhinderten, dass wir nahe genug an unsere Beute kamen, um unsere Speere zu werfen.

Die schwarz–weißen Vögel, die den Namen Elstern trugen, brachten Unglück. Wenn sie uns Jäger einmal entdeckt hatten, folgten sie uns den ganzen Tag. Mit Ihren Warnrufen verrieten sie uns schon von weitem. Das Wild war gewarnt und verschwunden - bevor wir es erreichten.

Ich hasste diese Vögel, man sah sie kaum, aber immer wieder ertönte ihr Ruf. Wenn sie riefen, dann klang es wie eine Kriegserklärung. Es wurde still im Wald.

Töten durften wir sie nicht - alle fliegenden Lebewesen waren heilige Tiere.

Der alte Schamane warf ein großes Stück Holz in das Lagerfeuer. Hunderte von kleinen Funken wirbelten, wie in einem Tanz in den sternklaren Himmel. Das Feuer loderte auf und warf gespenstische Schatten auf unsere Zelte.

»Warum ist die Elster heilig, wenn sie uns bei unserer Jagd Unglück bringt? Sie ist doch schuld, wenn wir Wurzeln essen müssen?«

Alle sahen mich ungläubig an, wie konnte ich es wagen, so eine Frage zu stellen?

Der alte Schamane lächelte und in seinem faltigen Gesicht zeigte sich Verständnis. Das Lagerfeuer spiegelte sich in seinen Augen, die wie Diamanten funkelten. Er warf seinen Kopf in den

Nacken - seine langen, weißen Haare fielen nach hinten.

»Ich war in deinem Alter, als ich genau diese Frage stellte. Wir saßen an einem Lagerfeuer - genau wie heute auch. Unser Schamane erzählte uns eine Geschichte – nämlich die von der Elster.

Es war zu der Zeit, als alles eines war. Das Licht der Sonne durchdrang alles und sie vereinte sich in unendlicher Liebe mit dem Mond. Aus dieser Liebe entstanden die Erde und alles Leben auf ihr. Die Nacht war eifersüchtig, denn sie war alleine. Die Nacht war so einsam, dass es in ihrer Seele schmerzte. Sie konnte das Glück der Sonne und des Mondes nicht ertragen. Der Mond sollte ihr gehören – nur ihr, aber dieser erwiderte ihre Liebe nicht.

Voller Schmerz ersann die Nacht eine List und trennte das Paar.

Genau an der Grenze, als die Nacht entstand, wurde die Elster geboren, sie trägt das strah-lende Weiß des Tages und das glänzende Schwarz der Nacht in ihrem Gefieder.

Sie ist das einzige Tier, welches die Sprache der Sonne und des Mondes versteht.

Seither versuchen, Sonne und Mond sich wiederzufinden. Seit diesem Tag reisen sie über den Himmel und versuchen sich zu treffen.

Der Mond hinterlässt jeden Morgen Tränen auf den Pflanzen, die von den goldenen Strahlen der Sonne gesucht werden, um ihrem geliebten Mond nahe zu sein.

Die Seelen unserer Ahnen, steigen als kleine, helle Punkte in den Himmel der Nacht und leuchten als Sterne.

Sie bewahren die Erinnerungen unserer Ahnen und erzählen sich ihre Geschichten.

Nur die Elster kann sie hören.

Am frühen Morgen, bevor es hell wird, erzählt sie die Geschichten der Nacht den anderen Vögeln. Diese begrüßen mit ihren Stimmen, in einem melodischen Konzert, die aufgehende Sonne.

Wenn die Sonne dann die Melodien der Vögel hört, lacht sie mit den Geschöpfen der Nacht oder sie weint mit ihnen.

Ohne die Elster würde die Sonne die Stimmen der Nacht nie hören. Sie hätte keine Wärme mehr und würde kalt werden - kalt wie das Eis unserer Vorväter.«

Eine beklemmende Ruhe trat ein. Alle dachten über das Gehörte nach, ja so muss es gewesen sein.

Hexen und Vampire

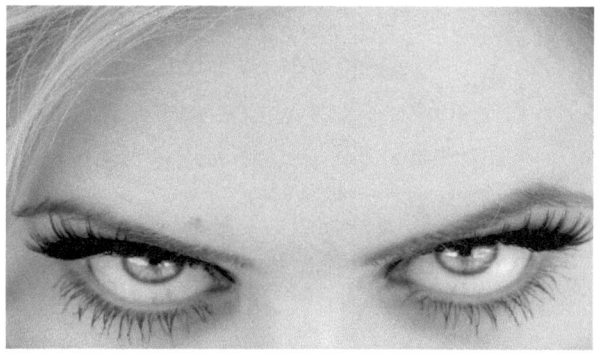

Hexen und Vampire? Gibt es sie wirklich? ... Oder ist es nur ein Hirngespinst, das seit Jahrhunderten in unseren Köpfen spukt und unser Herz mit Angst erfüllt? Jede Sage - jede Fabel hat einen wahren Kern, ... sagt man.

Hier die ungeschminkte Wahrheit.

Der Wind spielte in ihrem hüftlangen, schneeweißen Haar und die wärmenden Sonnenstrahlen ließen es silbern schimmern. Es tat gut, wie die Haare ihre nackte Haut streichelten.
Sie hatte sich diesen Hügel ausgesucht, inmitten einer Ebene, mit weichem grünem Gras be-

wachsen. In weiter Ferne konnte sie die Skyline einer Stadt erkennen.

Ihre menschliche Hülle hatte sie abgestreift, wie einen Gummianzug und verächtlich, wie ein Stück Dreck neben sich geworfen. Die verhasste Hülle, in der sie sich Jahrtausende versteckt hielt. Endlich konnte sie wieder sie selbst sein.

Sie sank auf die Knie und streckte ihre Arme in den Himmel. Ihre bernsteinfarbenen Augen funkelten und in ihrem Gesicht spiegelte sich ein Lächeln, das ihre unsagbare Freude zeigte. Freude auf die Rache, die sie auskosten würde. RACHE! Sie würde sich an der Menschheit rächen. ... Dieses Gewürm, das vor Jahrtausenden ihren Geliebten tötete. Hass hatte sich in ihre Seele gefressen und ihr Herz gefrieren lassen.

Jahrtausende wandelte sie nun unter ihren Feinden, von denen sie, einst als Göttin verehrt wurde. Jahrtausende unerkannt. Sie ernährte sich von ihnen, saugte sie aus wie ein Vampir. Sie zeugte Nachkommen mit ihnen und manipulierte Könige, Staatsmänner und Politiker wie Marionetten.

Ihre Saat, die sie gesät hatte, keimte unerkannt heran. Jetzt war die Zeit gekommen. Sie würde die gesamte Menschheit unterjochen und sie ihre Rache spüren lassen. Die Qualen und den Schmerz, den sie seit tausenden von Jahren in sich trug. Der jede Sekunde, jeden einzelnen Tag in ihr brannte, wie ein Feuer, das alles verzerrte und das niemand löschen konnte. Ihren Geliebten konnte sie nicht zurückholen, dafür würde die Menschheit büßen.

Sie sammelte ihre ganze Kraft und rief ihre Brut, die seit Generationen in den Menschen keimte.

Sie rief ihre Drohnenarmee, ... sie war eine Königin.

Der Adler kann nur fliegen, weil er zwei Flügel hat

Wie ein Adler, der am Horizont der untergehenden Sonne entgegen fliegt. ... Wie ein Engel, der mit majestätischem Flügelschlag, scheinbar schwerelos, in den letzten Sonnenstrahlen dahingleitend.

Was wäre der Adler oder Engel mit nur einem Flügel? Das Herz ohne Liebe? Die Seele ohne Wärme?
Es wäre eisig kalt und einsam in einem dunklen, leeren Universum.

Wir gehören zusammen, nur zusammen können wie fliegen wie der Adler und die warmen Strahlen der Sonne spüren.

Zusammen erfährt unser Herz die Liebe und die Seele Wärme, die wir zum Leben brauchen.

Zusammen können wir in einem kalten Universum dann die Unendlichkeit besiegen.

Danke, dass es dich gibt und du bei mir bist.

Warum wir leben und warum wir sterben

Für alle, die einen lieben Menschen vermissen, weil er nicht mehr auf unserer Erde ist.

Wenn wir einen lieben Menschen verlieren, dann der Schmerz sich in unsere Seele frisst und Tränen unsere Wangen streicheln, dann fragt man sich warum. Es schmerzt so sehr, dass es scheint, als würde dieser Schmerz für immer sein.

Die Freude und das Leid, den Schmerz und das Glück, welches wir mit diesen Liebsten erlebt haben, das tragen wir in unseren Erinnerungen. Erinnerungen, die das Herz erfreuen aber auch der

Schmerz, der die Seele zernarbt, weil der liebe Mensch nicht mehr bei uns ist.

Es ist der Lauf der Dinge, wir müssen leben, damit wir sterben können. Sterben, damit wir die Gefühle nach dem Tod weitertragen ... an einsame, unerfüllte Seelen.

Seelen, die in einem unendlichen Ozean treiben. Ein Ozean, tiefer als das tiefste Meer ohne Grund. Weiter, als das Universum, mit seinem unendlichen Sternenmeer. Ohne Anfang und ohne Ende, treiben sie im Meer der Ewigkeit. Ein Meer, ohne Licht, ohne Dunkelheit, ohne Liebe, ohne Hass und ohne Gefühle.

Einige dieser Seelen werden auf dieser Erde hier geboren. Sie erfahren das Glück des Lebens.

Das Glück des Lebens, zu spüren wie es ist geliebt zu werden, spüren wie es ist zu frieren in eisiger Kälte und spüren den Schmerz von Leid und Qual.

Die goldenen, warmen Sonnenstrahlen auf der Haut. Der Sturm, der in das Gesicht peitscht und das Haar zerzaust. Bunte Schmetterlinge, die wirbelnd wie Blätter im Wind, in den Himmel steigen. Melodien, die sanft das Herz streicheln und unsere Seele wärmen.

Diese Seelen spüren auch den Schmerz im Herzen, wenn ein Liebster sie verlässt.

Sterben wir dann, bringen wir unser Leben und Erlebtes zu den anderen Seelen, die einsam im Meer der Ewigkeit treiben und jede einzelne Seele erfährt die Macht des Schmerzes und die Kraft der Liebe.

Jede Seele hat die Hoffnung in den Herzen, dann irgendwann hier auf Erden, geboren zu werden, auch diese Gefühle zu erleben, um sie dann mit dem Tod an die anderen Seelen weiterzugeben. Darum seid nicht traurig, wenn ein Liebster Euch verlässt, in dem Meer der Ewigkeit ist nichts verloren.

Seid dankbar für das Leben. Seid dankbar für die Gefühle, die ihr erleben dürft.

Die Fliege

So liebe Leute, macht es Euch etwas bequem. Mach dich frei für eine kleine Reise. Nein ... es geht nicht weit weg. Die Reise geht nicht an einen anderen Ort, oder eine andere Zeit ... wir bleiben hier. Also, mach deine Gedanken ein klein wenig frei ... frei für etwas Neues und Ungewöhnliches.

Stell dir vor, du atmest ruhig ein und aus ... aber nicht durch den Mund oder die Nase. Nein, du atmest durch Öffnungen an deiner Seite.
Dein ganzer Körper ist mit feinen Borsten, wie mit Haaren bedeckt. Haare, die wie feinste Sin-

neszellen jeden noch so kleinen Lufthauch spüren.

Du kannst ringsherum sehen ... ohne den Kopf zu bewegen. In nächster Nähe siehst du alles gestochen scharf, alles andere, weiter weg, ist eine Explosion aus Farben.

Du kannst Wärme und Kälte sehen. Die Umrisse aller weiter entfernten Gegenstände nimmst du nur als Wärme- und Kälteflecken wahr.

Jede Bewegung siehst du zehn Mal schneller als vorher.

Du siehst an dir herab ... keine Hände oder Füße ... nur sechs behaarte Beine mit zwei Klauen an den Enden.

Die Klauen sitzen auf Ballen aus Millionen kleinster Härchen, die wie ein Klettverschluss auf jeder glatten Oberfläche haften. Du kannst mit deinen Beinen, kopfüber an einer glatten Glasscheibe laufen, ohne herabzufallen.

Dir ist kalt und alles ist steif und ungemütlich. Du musst Wärme tanken, Wärme bedeutet Leben für dich.

Du siehst dich um und wie ein Magnet zieht dich die große, quadratische Fläche an. Du kannst die Wärme förmlich riechen.

Deine Klauen streichen über deine beiden Flügel auf dem Rücken. Du bist bereit für deinen ersten Flug.

Deine Flügel fangen an zu wirbeln, nicht wie bei Vögeln, auf und nieder, sondern wie ein kleiner Propeller, unvorstellbare sechzig Mal in der Sekunde. Vor dir entsteht ein kleiner Wirbel, der dich wie ein Sog nach vorne zieht.

Mit wahnwitziger Geschwindigkeit näherst du dich der Wärmequelle. Du schleuderst deine Beine nach vorne und mit einem kleinen Salto in der Luft, landest du auf den Monitor.

Das tut so gut. Hier ist es gerade mal einen halben Grad wärmer, aber du spürst die Wärme, die in deinen Körper fließt und dich mit Leben füllt. Wie ein Akku lädst du dich auf.

Du verspürst Hunger.
Du riechst etwas Wunderbares, aber nicht mit der Nase ... Du hast nämlich keine.

Deine kleinen Fühler, zwischen den riesigen Facetten-Augen, fangen kleinste Duftmoleküle ein. Du kannst den Weg, den sie durch die Luft zeichnen, förmlich sehen.

Dieser wunderbare Duft betört dich und du wirst magisch angezogen.

Du näherst dich der Quelle, des tollen Duftes, du siehst etwas Orangefarbenes auf blauem Grund. Du kommst näher, dann erkennst du es.

Erst schemenhaft, dann siehst du es genau, ein riesiges Tortenstück. Wieder landest du mit einem kleinen Salto, diesmal auf dem Tellerrand.

Je näher du ran krabbelst, desto besser duftet es.

Jetzt setzt du deine Füße darauf ... eine Explosion der Gefühle durchzuckt deinen kleinen Körper, mit jedem Fußtritt schmeckst du den süßen Zucker.

Du hast deine Geschmacksnerven an den Fußballen sitzen und schmeckst mit jedem Tritt.

Du hast keinen Mund mit Zähnen.

Du stülpst einen Rüssel aus und würgst Verdauungssäfte hoch, spuckst diese aus.

Wie Säure zerfressen die Säfte den Kuchenkrümel.

Da wo deine Verdauungssäfte den Krümel berühren, entsteht ein herrlicher Kuchenbrei.

Es ist ein Genuss - diesen köstlichen Brei mit deinem Rüssel aufzusaugen.

Du bist in Ekstase und bist so abgelenkt. Du siehst die Gefahr nicht - der Löffel saust auf dich herab.

»Dämliche Fliege, die nervt, aber ich habe sie erwischt.«

Die Welt, wie wir sie sehen, ist nur ein Bruchteil dessen, was uns unsere eigenen Sinne zeigen.

Andere Menschen

Du bist zu dick, nein, ich meine nicht einfach dick, sondern richtig fett.

Deine Nase ist zu groß, nein, ich meine nicht einfach nur groß, sondern wie eine riesige Kartoffel verunstaltet sie dein Gesicht.

Deine Haare sind zu dünn, nein, ich meine nicht nur dünn, sondern wie fusselige Strähnen hängen sie dir von deinem Kopf.

Du trägst eine Brille, nein, ich meine nicht nur eine Brille, sondern wie in dicken Colagläsern spiegelt sich die Sonne darin.

Du hast eine Narbe auf der Wange, nein, nicht so eine kleine, sondern wie ein hässlicher Graben, frisst sie sich durch dein Gesicht.

Jahrelang hast du gelitten, weil du anders warst. Jahrelang hast du das Gespött ertragen. Du trägst die Last in deinem Herzen, die andere auf dich abgeworfen haben, wie Müll.

Glaube mir, diese Menschen, die dass tun, sind verlorene Seelen. Diese Menschen haben nie gelebt. Diese Menschen kennen nicht das Leid, das sich in die Seele fressen kann. Diese Menschen mobben, tratschen und intrigieren, meist nur um von den eigenen Fehlern abzulenken und selbst im Mittelpunkt zu stehen. Genau diese Menschen, sind es dann, die am lautesten schreien, wenn es sie selber trifft.

Schenke Menschen, die anders sind deine Hand und du wirst unendliche Dankbarkeit spüren.

Schenke Menschen, die anders sind, dein Gehör und du wirst selber Verständnis ernten.

Schenke Menschen, die anders sind, deine Wärme und wirst unendliche Liebe in deinem Herzen spüren. … Jeder Mensch ist anders.

Der faule Apfel

Ein schöner, roter Apfel liegt im Regal. Jeder, der vorbeigeht, sieht den Apfel an.

Perfekt geformt und leicht glänzend liegt er da. Man möchte ihn am liebsten in die Hand nehmen und ein Stück abbeißen. Doch niemand nimmt ihn. Niemand will ihn haben.

Jeder scheint satt zu sein, und es gibt viele Äpfel auf dem Markt. Nach Tagen fängt der Apfel langsam an, zu riechen und zu faulen. Der einst so leuchtende Apfel - ein Fall für die Mülltonne.

Es ist Nacht. Der Mond wirft gespenstische Schatten auf den Parkplatz des Supermarktes.

Da - eine Bewegung. Eine dunkle Gestalt macht sich an den Mülltonnen zu schaffen.

Schemenhaft erkennt man die Gestalt eines Mannes. Sein Mantel ist verdreckt und stinkt fürchterlich. Der Mann schaut sich vorsichtig um, sich vergewissernd, ob ihn niemand in dieser peinlichen Lage beobachtet.

Seine schmutzige, faltige Hand wühlt in den Resten in der großen, dreckigen Mülltonne. Ob er heute etwas finden wird?
Er spürt das leichte Kribbeln auf der Hand. Er weiß, dass es Maden sind. Seinen Ekel hat er schon vor Jahren überwunden.
Ekel. Die ersten Male musste er erbrechen, aber er hat sich daran gewöhnt, nach all den Jahren. Der Hunger ist so groß. Die Jahre haben sich wie Narben in sein Gesicht gegraben.
Da, jetzt spürt seine Hand etwas Festes.
Er greift zu und zieht einen matschigen Apfel hervor. Sein Gesicht strahlt vor Glück. Seine blauen Augen füllen sich mit Tränen.

Er weiß nicht mehr, wie lange es her ist, dass er einen Apfel in der Hand hatte. Herzhaft beißt er hinein. Eine Träne rinnt über seine Wange.
Es kommt ihm wie das Köstlichste vor, was er je gegessen hat. Noch lange wird er sich daran erinnern.

Warum wir weinen und warum wir lachen

Wenn wir weinen, dann ist es der Dreck, der aus unseren Augen fließt. Wir sehen dann die Welt im neuen Licht.

Wenn wir lachen, dann ist es der dreckige Staub des Alltags, der von tanzenden Herzen aufgewirbelt wird. Das Herz kann dann wieder neue Lasten tragen.

Die Reichen und die Armen

Die Reichen haben den Himmel auf Erden ... die Armen durchleben die Hölle.

Aber so war es schon vor tausenden von Jahren ... denn von den Reichen und Mächtigen wird niemand freiwillig den Himmel aufgeben. Und für den Klimawandel, ist es zu spät ... der Wandel hätte sich auch niemals aufhalten lassen ... wie so viele glauben.

Wir Menschen haben ihn lediglich etwas beschleunigt. Und es kommt schlimmer ... was wir gerade erleben, das ist erst der Anfang ... aber nicht vom Ende, sondern von etwas Neuen, ob der Mensch weiterhin dabei eine Rolle spielt, das ist so was von egal ... denn die Erde dreht sich auch ohne den Menschen ... neue Arten werden entstehen, neue Welten werden geboren ...

Wir haben es in der Hand, diese Welt weiter zu begleiten, aber nur wenn wir sie als Ganzes verstehen und nicht als Momentaufnahme für den lächerlichen Zeitpunkt seitdem wir hier auf Erden sind.

Dein Licht in der Dunkelheit

Brennender Schmerz, der mein Herz gefrieren lässt, zu einem harten Klumpen Eis.

Schmerz, der tiefe Narben in die Seele brennt ... was bleibt, das sind die Träume und Erinnerungen an dich.

Träume, die mir Hoffnung geben, diese kalte, dunkle Zeit zu überleben.

Hoffnung an deine warme Liebe, damit ich nicht erfriere, in dieser gefühlskalten dunklen Welt.

Hoffnung an das helle Licht am Horizont, damit ich spüre, dass ich noch lebe.

Leben ... damit ich warten kann auf deine Liebe.

Warten auf deine Liebe, die mich aus der klirrenden Kälte führt ... in das Licht der Ewigkeit.

Hoffnung und Träume ... für eine Ewigkeit in Liebe mit dir.

Vermissen

Vermissen können wir nur das, was wir verloren haben.

Vermissen können wir nur etwas, dass nicht mehr bei uns ist.

Erst dann, wenn unser Herz nach dem schreit, was es vermisst.

Erst dann, wenn eine tiefe Sehnsucht uns erfüllt, dann wissen wir, was wir verloren haben.

Euer Peter Naujoks

Tanz in den Mai

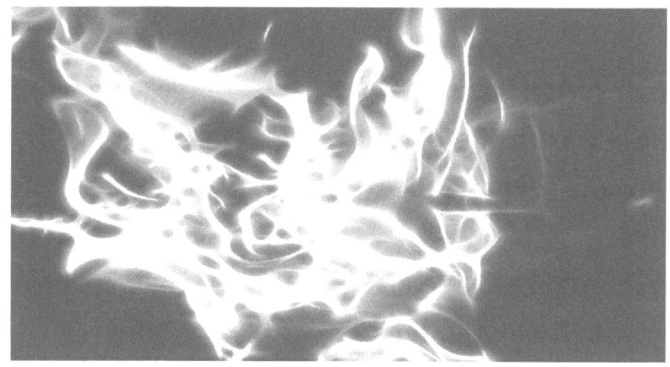

Ein knisterndes, loderndes Lagerfeuer, in der sternklaren Nacht. Wir rücken zusammen, um die Wärme zu spüren.
Ich werfe ein Stück trockenes Holz nach und hunderte kleiner Funken steigen wirbelnd, in einem Tanz, zu den Sternen empor. Heute ist es wieder so weit, wenn der silbrige Mond aufgeht und die alte, knorrige Eiche bizarre Schatten wirft. Wenn dann die Schatten kriechend den Stein unserer Ahnen berühren, dann wird der Geist des kalten Winters, in den harten Stein gefangen. Der Stein ... den schon unsere Urahnen heilig gepriesen haben. Wenn dann der Geist des Winters, gefangen für Monate in dem Stein ausharrt, dann erwacht die Göttin Walpurgi

mit ihrer Macht und Magie ... wir werden dann die Göttin begrüßen mit einem Fest der Liebe, so wie jedes Jahr, so wie schon unsere Ahnen seit Jahrhunderten.

Ein plötzlicher Geruch von einem lieblichen, süßen Parfüm, steigt in meine Nase. Meine Träumereien zerplatzen, wie eine schillernde Seifenblase.
»Schatz, bist du fertig? Es ist gleich 22 Uhr, wir sind doch eingeladen zum Tanz in Mai!«

Saurierfangausrüstung

Da ich ja mittlerweile die Gewohnheiten der Tiere vor Ort kannte, wusste ich, dass das Wetter eigentlich nicht so optimal war. Ein leichter Nieselregen wäre besser gewesen. Ich habe mich von der dem Wind abgewandten Seite angeschlichen. Es waren noch keine Anzeichen zu sehen, ob die Saurier heute schon vorbeigekommen sind. Ich verharrte der Dinge und ließ die wärmende Sonne in mein Gesicht scheinen. Leise hörte ich das Piepsen einer Meise, der Wind war leicht und lauwarm, fast hätte man denken können, dass der Frühling erwacht ist.

Plötzlich - ein Geräusch - meine Sinne konzentrierten sich, ich duckte mich tiefer hinter einem alten, grauen Felsen.

Da – war da nicht eine Bewegung oben am zerklüfteten Kamm? Ja, jetzt erkannte ich es. Fröhlich quatschend ging dort eine Familie mit ihrem Hund spazieren. Aber ohne mich zu bemerken, kehrte die Gruppe auf halbem Wege wieder um.

Glück gehabt, das hätte böse enden können.

»Suchen Sie hier Steine?«

»Nee, ich habe hier gerade welche hingebracht ... Haben Sie schon was gefunden?«

»Ja, Steine ...«

Nein, genug der Gedankenspiele, ich wollte ja Saurier fangen. Also ging ich weiter.

Mühsam kämpfte ich mich durch zerklüftete, kristallharte, bizarre Felsensplitter. Es war schon fast eine Stunde vergangen. Die Hoffnung, doch noch einen guten Fang zu machen, schwand mit jeder Minute.

Die Sonne hing wie eine dunkle Tomate am Himmel und neigte sich zum Horizont. Plötzlich da war doch was, - in circa zwanzig Meter Entfernung hob sich etwas Dunkles von dem hellen, gräulichen Kalkstein ab. Jetzt hieß es, Ruhe zu bewahren und die Augen aufzuhalten. Die Biester lockern auf ihrem Weg das Gestein, schon mancher Verfolger ist ausgerutscht und hat sich seinen Knöchel verstaucht. Mich konnten sie aber nicht reinlegen, ich hatte ja die NEUEN

SCHUHE mit Stahlkappen, ich näherte mich bis auf wenige Meter. Jetzt zückte ich meine Waffen, meinen NEUEN HAMMER UND MEISSEL, die sicher in meinem NEUEN GÜRTEL verstaut waren. Auch die Saurier hatten mich bemerkt und gruben sich in den harten Kalkstein fest. Doch gegen meinen NEUEN HAMMER UND MEISSEL hatten sie keine Chance. Vorsichtshalber setzte ich noch meine NEUE SCHUTZBRILLE auf. Die Saurier versuchten, mich mit rasiermesserscharfen, harten Steinsplittern zu bewerfen, um so zu entkommen. Schließlich nach hartem, langem Kampf konnte ich alle drei zur Strecke bringen.

Engel werden geboren

Engel ... hmmm ... wo kommen die eigentlich her? Ich glaube die werden geboren ...

Ein Engel ... ein himmlisches Wesen. Gemacht für die Unendlichkeit ... den Tod zu überleben. Ein Engel ... ein himmlisches Wesen.

Wann wird ein Engel geboren?

Wenn unser Herz weint und die Tränen Löcher in die Seele reißen. Pein und Leid unser Herz in eisiger Kälte erstarren lassen. Wenn wir so tief gesunken sind ... dass jede einzelne Sekunde einer Qual zur Ewigkeit wird.

Wenn Schmerzen und Krankheit sich durch unseren Körper fressen. Dann wird ein Wesen geboren ... ein Wesen, welches in jedem von uns wohnt. Ein Engel wird geboren.

Ein Engel, der erst dann erwacht, wenn wir ihn brauchen. Der unsere Seele leitet und uns Kraft gibt Unmenschliches zu überstehen. Der uns begleitet bis nach dem Tod in die Unendlichkeit.

Und dieser Engel der heißt LIEBE.

Die Lichter deiner Stadt

Wenn du einsam bist und schmerzende Gedanken deine Seele quälen.

Wenn du dann durch regennasse Straßen wanderst, in denen sich das silbrige Mondlicht spiegelt.

Deine Gedanken, wie Blätter im Wind durcheinanderwirbeln und dein Blick dann die dunklen, kahlen Fassaden der Häuser hoch wandert.

In den Fenstern erstrahlen da einsame Lichter und du fragst dich welches Schicksal sich hinter jedem einzelnen verbirgt. ... Die Lichter deiner Stadt.

Du spürst das Leben, wie es pulsierend durch die dunklen Straßen fließt, wie es langsam deinen Körper durchströmt und Deine Kraft neu entfacht.

Das ist ... Magie, das sind die Lichter deiner Stadt.

Ein Brief an Gott

Ein Brief an Gott ... das war die Aufgabe des Lebens.

Wie, oder besser worauf schreibe ich denn einen Brief an Gott? Auf einfachem Papier ... so mit Stift oder Füller? Was für eine Briefmarke kommt dann darauf? Wo sende ich den Brief hin? Oder werfe ich ihn einfach als Flaschenpost in das brausende Meer? Oder geht das einfacher als E-Mail? Vor allem, das Wichtigste ... was schreibe ich ihm?

Nein, das kann es nicht sein ... für einen Brief an Gott, da brauchen wir kein Papier, wofür der herrliche Urwald gerodet wird ... das hätte Gott bestimmt nicht gewollt.

Er hätte auch nie gewollt, dass wir eine Flaschenpost in das Meer werfen. Das Meer ist ein Teil unseres Lebens und so schon verdreckt genug ... das hätte Gott nie gewollt.

Auch eine E-Mail, die brauchen wir nicht. Wertvolle Ressourcen … die auf unserer Erde knapp werden, Ressourcen, weshalb Kriege geführt werden ... Ressourcen, die wir hätten anders nutzen können. Nein!!! Das hätte Gott auch nicht gewollt.

Die Schrift für Gott, das sind unsere Gefühle ... die Gedanken und die Fragen, die uns quälen. Aber auch das Glück, nicht alleine zu sein und Liebe in den Herzen zu spüren. Das ist die Schrift, die Gott auch so versteht.

Wir schreiben jeden Tag einen Brief an Gott, ohne an ihn zu denken, jede Erinnerung und jedes Gefühl. Es ist unser Geist, der es niederschreibt, jede Sekunde, jede Stunde und jeden Tag ... ein Leben lang.

Die Seele, die ist das Papier, auf dem geschrieben wird.

Die Briefmarke, das ist unser eigenes Leben ... wenn wir sterben, klebt unser Leben auf dem Brief als Marke und mit dem Tod geben wir ihn ... unseren Brief des Lebens, als unsterbliche Seele ... an die Unendlichkeit ... an Gott.

Liebe Grüße

Dein Peter Naujoks

Dunkelheit und Stille

Nichts - absolut Nichts. Kein Licht - kein Geräusch. Keine Gefühle - nur ein Gedanke.

Ein kleiner Gedanke, wie ein kleiner Punkt, in einem dunklen Raum ohne Wände.
Der Gedanke wächst und wird heller. Strahlend hell explodiert er in einer Wolke aus Licht. Der Gedanke wirft pulsierende Wellen aus leuchtenden Farben, die zu Materie werden, wirbelnd ineinander drehend. Materie, die sich zusammenballt, windet und wieder auseinander platzt. Materie - sie lässt Sonnen und Planeten entstehen, wie aus dem Nichts

Das Universum ist geboren.

Ein Gedanke durchstreift das neue Universum, das Universum geformt aus einem kleinen Gedanken, einer Energie, die alles, wie ein Netz verbindet und auch alles ist.

Es war so wunderschön - so fantastisch. Wolken aus Sternen, Sonnen, die entstehen und vergehen. Aber es war einsam, öde und leer. Geboren aus der Einsamkeit und einer einzelnen leeren Seele, aus dem Wunsch heraus nicht allein zu sein, entstand das Leben.

Der Atem des Lebens zog auf alle Welten ein, wo es auch nur im Entferntesten möglich war. Seltsame Eiskristalle fraßen sich durch gefrorenes Methan. In wabernden Gluten schwammen glühende Feuerbälle, die pure Lava verdauten. Schleimig grüne Teppiche verzehrten hartes Gestein.

Aber eine Welt, die war etwas ganz Besonderes. Wie eine funkelnde, blaue Murmel umkreiste sie die Sonne. Auf ihr war das Leben so vielfältig wie nirgends sonst. Die Stille des Universums füllte sich mit Stimmen von Seelen, die auf dieser kleinen blauen Murmel geboren wurden. Die

Stimmen waren durchzogen von Leid, Hass und Gram. Wie ein Echo, das lauter und lauter wird, breiten sie sich in den Weiten des Universums aus. Ein Orkan der alles in sich erstickt und andere Planeten infiziert wie ein Virus.

Was wollten sie - die Stimmen der Seelen? Sie hatten doch alles, was sie brauchten, um glücklich zu sein.

Der Gedanke merkte, dass es das Leben selbst war. Das Leben, was anderes Leben zerstören musste, um selbst zu leben.

Der Gedanke sehnte sich nach der Stille am Anfang. Am Anfang, als nichts war, nur der Gedanke.

Nichts - absolut Nichts. Kein Licht - kein Geräusch. Keine Gefühle - nur ein Gedanke

Ein kleiner Gedanke, wie ein kleiner Punkt, in einem dunklen Raum ohne Wände.

Der Stier aus Bronze

Eine unerfüllte Sehnsucht trieb mich in die dunkle Nacht. Es war, als würde meine Seele gerufen und ich folgte dem Ruf, der mich nicht schlafen ließ.

Ein eisiger Wind ließ feine Regentropfen in mein Gesicht prasseln. Niemand war auf den regennassen, einsamen Straßen zu sehen. Das Licht der Straßenlaternen warf zuckend, tanzende Schatten auf die alten Häuserwände.

Ich wusste nicht warum und auch nicht wohin mein Weg mich diese Nacht führen würde. Ich folgte nur dem einsamen Gefühl, das mich immer weiter trieb ... in dieser dunklen, nasskalten Nacht.

Ich dachte, dass meine Sehnsucht diese Nacht wieder unerfüllt blieb. Doch dann sah ich einen riesigen Schatten, der um die Häuserecken huschte. Ein markerschütternder Schrei hallte durch die Gassen der Stadt. Ein Schrei, so fremdartig, dass er das Blut in meinen Adern gefrieren ließ.

Die Angst schlug in meine Glieder, wie ein Blitz, und mein Körper erstarrte.
Was war das eben? Es war kein Mensch und auch kein Tier. So ein fremdartiges Geräusch hatte ich noch nie gehört.

Die Neugierde war stärker als die Angst. Ich suchte Schutz in den Schatten der dreckigen Hauseingänge und schlich mich langsam an. Dann sah ich es ... am Ende der Sackgasse, zwischen dreckigen Müllbeuteln und weggeworfenen zerplatzen Flaschen. Ein riesiger Schatten, der sich an etwas zu schaffen machte.

Auf einmal konnte ich etwas spüren, es war, als würden fremde Gedanken, wie Nebel, meinen Geist durchkriechen.

Gedanken ... geformt aus Schmerz, Hass und Pein. Gedanken einer gequälten Kreatur, die unsagbare Schmerzen litt.

Ganz langsam drehte die Gestalt sich um und ich erkannte einen Stier, der vollkommen aus Bronze war. Das Licht der Straßenlaterne ließ die Regentropfen auf seinem muskulösen Körper golden schimmern. Seine Augen, die wie Smaragde, grünlich funkelten, bohrten sich in meine Seele.

Ganz langsam kam er näher und seine Blicke lähmten mich.
Sein eiskalter, stinkender Atem ließ die feinen Regentropfen zu kleinen Eiskristallen gefrieren, die wie winzige Schneeflocken, in Zeitlupe zu Boden rieselten.

Er senkte seinen Kopf, um mich mit seinen beiden spitzen Hörnern zu zerfetzen. Es gab keinen Ausweg, meine letzte Sekunde schien gekommen. Ich schloss die Augen und wartete. Wie in einem Film sah ich mein Leben an mir vorüberziehen, ich wartete auf den Schmerz, der alles beenden würde ... doch nichts geschah.

Langsam öffnete ich meine Augen. Die warme Sonne schien mir in das Gesicht. Der Lärm der nahen Straße drang in mein Ohr. Das Rasseln einer Fahrradklingel ließ mich hochschrecken, ich drehte mich um und dann sah ich ihn ... einen Stier aus Bronze, der mit gesenktem Kopf vergeblich gegen einen Strick ankämpfte, an dem ein Mann aus Bronze zog. Sein ganze Kraft und sein muskulöser Körper nutzten dem Stier nichts. Zu groß war der Schmerz des Nasenringes.

Der Spiegel

Es gibt Menschen auf dieser Welt, ohne die kann man nicht leben.

Gefühle, die man nicht vermissen möchte, denn die kalte Leere, die einen dann umgibt, lässt das Herz gefrieren. Nur die Nähe ... ein einzelnes Wort, lässt den Panzer aus Eis schmelzen ... ein winziger Funke, der dann alles erleuchtet in ewigem Licht der Liebe.

Es gibt nur wenige Menschen, die diese göttliche Gabe in sich tragen ... das Licht des Lebens in das Herzen zu tragen ...

Ich danke dir, dass ich dich kennen lernen durfte, dass du meinen Weg erhellst und Herz erwärmt hast ... in dieser eisigen Kälte und Dunkelheit.

Ihr wollt wissen, wer das ist? Dann nehmt einen Spiegel und seht in das Gesicht. Denn jeder hat einen Menschen, den er auf seinem Weg begleitet.

Die Erde, auf der wir leben

Wenn schroffe, bizarre Felsen sich langsam zum Himmel empor schieben. Dann zu riesigen, schroffen Gebirgen auftürmen, auf deren Schnee bedeckten Spitzen, ein eisiger Sturm alles gefrieren lässt. Diese Berge dann zu feinen Staub zerfallen, der alles, mit einem sanften Schleier bedeckt. Kontinente berstend aufeinandertreffen und in Jahrmillionen wieder knirschend auseinanderdriften.

Du sehen kannst, wie fremde, unbekannte Arten, wie aus dem Nichts entstehen um dann im Laufe der Zeit, wie in einen Strudel vergehen.

Du spürst, wie sich das Klima ändert. Einmal fast alles Leben in eisiger, klirrender Kälte erstarren lässt, dann Millionen Jahre später, in unwirklicher Hitze, fast alles Leben auf der Erde zu Staub vergehen lässt.

Du siehst, wie Kometenhagel unsere Erde treffen und fast alles Leben auf der Erde verbrennt zu glühender Asche. Du dann siehst, wie das Leben kämpft, um wieder neue Arten zu gebären und das Millionen Jahre lang, immer wieder auf ein neues.

Wenn du das sehen kannst, im Herzen spürst und auch verstehst, dann weißt du, wie unbedeutend wir Menschen für die Erde sind.

Wir maßen uns an, die Krone der Schöpfung zu sein, wir denken wir können den Klimawandel aufhalten, wir denken wir können die Welt retten.

Genauso könnten wir eine Uhr zertreten und denken wir hätten die Zeit angehalten.

Der Erde ist es egal, ob wir Menschen sie weiterhin verschmutzen und ausbeuten, das Leben findet seinen Weg immer, ob nun mit uns oder ohne uns.

Es liegt an uns alleine, wie lange wir sie noch begleiten … unsere Erde.

Der schwarze Phönix

Wir saßen, wie jeden Abend, an dem kristallklaren Bergsee. Das Sternenmeer der warmen Sommernacht spiegelte sich in den kräuselnden Wellen, wie ein funkelndes Lichtermeer aus tausenden kleiner Diamanten. Der laue Wind streichelte uns und spielte eine Melodie der Liebe in unseren Herzen.

Wir konnten unsere Wärme und Liebe spüren, ohne uns zu berühren. Wir würden zusammen sein, für den Rest unseres Lebens, jede Freude würden wir einander teilen und dadurch doppelt in unseren Herzen spüren - jedes Leid, würden wir einander teilen und dadurch nur die halbe Last in unserer Seele tragen.

Verträumt blickten wir in den Sternenhimmel der Nacht, wissend, dass nichts unserer Seele und Liebe anhaben kann, dass jede Freude riesig sein wird, weil wir zusammen sind. Ob in den Weiten des Weltalls irgendwo auf einem der Millionen von Sternen auch Leben ist? Leben ... das genauso glücklich ist wie wir?

Sie stand auf und schüttelte ihre pechschwarzen Federn, die im Mondlicht leicht bläulich schimmerten. Auffordernd blickte sie mich an, dann schlug sie mit ihren mächtigen Flügeln, feiner Staub wirbelte auf und rieselte wie feine, winzige Kristalle auf mich herab.

Sie erhob sich scheinbar schwerelos und mit jedem Flügelschlag erklang ein sirrender Ton. Sie war ein schwarzer Phönix. Und ich war ihr Mann, folgte ihr in den sternklaren Nachthimmel. Bevor die beiden Sonnen aufgehen, werden wir unser Nest erreicht haben und jeder von uns wird ein Ei legen.

Die glühenden Strahlen der beiden Sonnen werden uns verbrennen, aber unsere verbrannte Asche wird unsere Eier vor der Hitze schützen, damit wir dann, am Abend wieder selbst, aus unseren Eiern schlüpfen, um dann in der nächsten Nacht zu dem See fliegen. Wir werden wieder die unendliche Liebe des anderen spüren.

Wieder werden wir dann zu den Sternen aufblicken, glücklich sein und uns fragen, ob in den unendlichen Weiten des Sternenmeeres noch anderes Leben ist, das genauso glücklich ist wie wir.

So war es schon immer ... seit Anbeginn der Zeiten und so wird es auch immer sein ... eine unendliche Liebe ... der schwarze Phönix.

Andere Welten

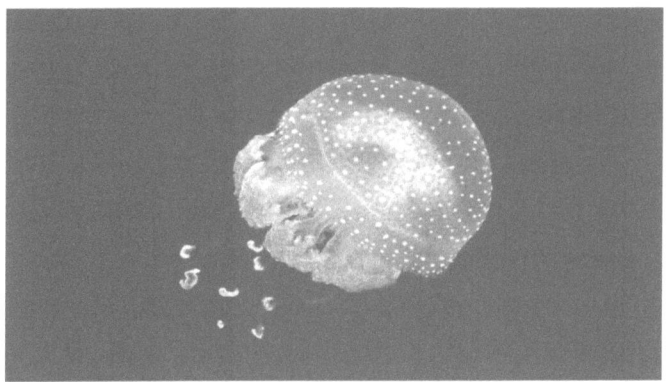

Jetzt möchte ich Euch etwas anderes zeigen.

Es geht in eine andere, uns völlig fremde Welt ... nein, nicht auf einen weit entfernten Planeten, in unserem unendlichen Universum, auch nicht in bizarre Fantasiewelten.

Nein ... wir bleiben hier ... bei uns auf der Erde.

Es ist eine Geschichte, wie sie sich jeden Tag und jede Sekunde abspielt ... im immerwährenden, grausamen Kampf um das Überleben. Es spielt in den eisigen Tiefen der Weltmeere. Orte die nie ein Mensch zuvor betreten hat, noch unerforschter als die Oberfläche des Mondes.

Er hatte es geschafft und allen Gefahren getrotzt. Als winzig kleine Larve hatte er überlebt.

Noch nicht einmal einen Millimeter groß, trieb in einer riesigen Planktonwolke, mit unzähligen anderen frisch, geschlüpften Meeresbewohnern, durch die gigantischen Ströme der Weltmeere.

Planktonwolken ... ein eigener Mikrokosmos in den riesigen Ozeanen. Die Kinderstube unzähliger Arten. Viele Fische, Seesterne, bizarre Quallen und Muscheln verbringen als Larve die ersten Jahre in den riesigen Wolken. So zahlreich, aber auch so nahrhaft, dass riesige Wale und viele Fische sich aus diesem Reichtum ernähren.

Er weiß gar nicht mehr, wie oft er dem Tod gerade noch entronnen und beinahe gefressen wurde.

Das Schlimmste, an das er sich erinnern konnte, war noch gar nicht so lange her.

Er wurde durch ein pulsierendes Leuchten angelockt. Er konnte sich noch genau erinnern. Er trieb nur wenige Zentimeter unter der Oberfläche in den warmen Wasserschichten des Golfstroms. Es war eine sternenklare Vollmondnacht und er konnte unzählige Sterne durch das Wasser funkeln sehen.

In einiger Entfernung konnte er ein leuchtendes Pulsieren erkennen, es war so fantastisch und einmalig, so etwas hatte er noch nie zuvor gesehen. Erst war er nur neugierig, aber dann schien es ihn anzuziehen wie ein Magnet. Er war schon groß und stark genug, dass er selbständig einige Meter gegen die Strömung anschwimmen konnte. Als er nah genug heran war, packte ihn das Grauen.

Da hingen in einem Netz aus leuchtenden, fast durchsichtigen Fäden, andere kleine Wesen ... eine Garnele zuckte im letzten Lebenskampf. Ein kleiner Fisch hing leblos, wie in einem Spinnennetz, sein kleines Maul im Todeskampf weit aufgerissen. Alles wurde von dem pulsierenden Leuchten übertönt und ließ es unwirklich erscheinen.

Panisch wollte er fliehen, doch es war zu spät, ... wie winzige Harpunen durchbohrten kleine Nesselfäden seine Flossen und umschlungen seinen Körper. Er versuchte wegzuschwimmen, doch die Nesselfäden hielten ihn, wie in einem Netz aus Seilen gefangen.

Ein aussichtsloser Kampf hatte begonnen ... es schien, als könnte es nur einen Gewinner geben. Die Rippenqualle war sich ihrer Lage bewusst und ließ ihre Beute einfach zappeln. Wenn sie irgendwann verendet war, dann könnte sie ihre Beute in Ruhe verspeisen ... ihre langen Fangfäden würde sie dann zu ihrer Maulöffnung ziehen und mit ihren Verdauungssäften die Opfer einfach auflösen ...

Der neue Tag hatte begonnen und die aufgehende Sonne tauchte alles in ein goldgelbes Licht. Die Strahlen spielten eine Symphonie der Schönheit und brachen sich spiegelnd in den Wellen.

Er konnte die Schönheit aber nicht genießen, denn er hatte den Kampf immer noch nicht aufgegeben, mühsam schlängelte er sich hin und her, ... die letzten Kräfte zerrten an seinen schmerzenden Muskeln. Die Garnele und der kleine Fisch neben ihm waren längst qualvoll verendet ... ob er auch so enden würde?

Er sah etwas Schemenhaftes aus der dunkelblauen Tiefe emporsteigen. Ein riesiger Schatten verdunkelte alles, dann sah er es, ... eine Kadettschildkröte ... sie bewegte ihre Flossen wie Flügel und es schien, als würde sie im Wasser fliegen. Zielgenau schwamm sie auf seinen Todfeind, die Qualle zu. Diese schien die Gefahr zu erahnen.

Obwohl sie keine Augen hatte, bemerkte sie die Schwingungen im Wasser ... doch sie hatte keine Chance. Die Kadettschildkröte schlürfte die Qualle ein wie ein rohes Ei. Schmatzend schloss sie Ihr scharfkantiges Maul und biss die Nesselfäden durch.

Mit einem Mal war er frei, einige der Nesselfäden klebten noch an ihm, aber er konnte wieder frei schwimmen.

Sekunden später verschwand die Schildkröte wieder in den kalten Tiefen des Meeres.

... Es war sein grauenvollstes Erlebnis ...

Er hatte den Kampf um das Überleben gewonnen ... aber etwas schien ihn zu verändern.

Er war selber zum Jäger geworden. Er hatte zuletzt selbst Plankton gejagt und dann kleine Fische gefangen.

Jetzt schnürte es ihm jetzt den Magen zu. Sein Jagdtrieb erlosch wie das Licht einer Kerze und eine innere Unruhe befiel ihn.

Er wusste nicht, was es war, aber er gehorchte einem inneren Zwang, ... dem er sich nicht widersetzen konnte.

Es zog ihn wie einen Stein in die Tiefe des endlosen Ozeans. Schon nach wenigen Metern verwandelte sich das goldgelbe Licht in ein dunkles Blau. Einige Flossenschläge später tauchte er ein ... in ewige Dunkelheit.

Eine eisige Kälte und eine dunkle Leere umgaben ihn, je tiefer er kam, desto größer wurde der

Wasserdruck, der auf ihm lastete. Auf jedem Zentimeter seines winzigen Körpers, mehrere Tonnen ... mehrere tausend Meter tief ... jedes Gebirge dieser Erde könnte in den Tiefen verschwinden.

Seine Verdauungsorgane waren verkümmert und er hatte nicht viel Zeit ein Weibchen zu finden, bevor er qualvoll verhungerte.

Ein schier unmögliches Unterfangen ... in einer riesigen, eiskalten Wassermenge ... groß genug, um ganze Kontinente zu verschlingen ... in ewiger Dunkelheit.

Er wusste nicht wie viele Tage oder Wochen vergangen waren ... er spürte nur, wie seine Kräfte schwanden.

Aber dann konnte er es schmecken, es war ein betörender Geschmack, der ihn um seine Sinne brachte. Wie einem Weg folgte er der Spur ... und dann sah er es ... ein winziger Funke in der ewigen Dunkelheit.

Jetzt musste er vorsichtig sein, er durfte sich ihr nicht von vorne nähern ... sonst würde er selbst zur Beute werden. Nur, wo war hinten und wo war vorne? Er sah nur den Lichtfunken in der ewigen Nacht.

Auf gut Glück preschte er nach vorne und biss wild um sich. Seine einzige Chance.

Er hatte Glück und spürte etwas Warmes, Weiches. Sofort schloss er seine Kiefer ... das letzte Mal in seinem Leben.

Er würde sie nie wieder loslassen ... nie wieder, es war das letzte Mal, dass er zubiss.

Er fraß sich mit seinem Kopf bis unter die zähe Haut des Weibchens und verankerte sich dort für den Rest seines Lebens. Das Weibchen würde ihn über ihren Blutkreislauf mit allen Nährstoffen versorgen. Er würde als ein Anhängsel ... als männliches Geschlechtsorgan ... seine Spermien an das Weibchen geben.

Er hatte sein Ziel erreicht, im Kampf um das Überleben.

Tiefseeanglerfische sterben nicht einsam ... wenn sie sich gefunden haben, dann bleiben sie zusammen ... ein Leben lang.

Chaos

Ich glaube, meine Frau macht ernst. ... ohne ein Wort, mit bitterbösem Blick, hat sie heute Morgen das Haus verlassen. ... Naja, vielleicht hätte ich das Bild von den Schwiegereltern sofort aufhängen sollen ... das war letztes Jahr, als sie es zu mir sagte, ich glaube im Winter irgendwann. Ich weiß noch, wie sie zu mir meinte, dass ich den Schnee vom Carport entfernen sollte, der dort schon seit zwei Wochen lag. Nun ist es später Nachmittag und ich habe immer noch nichts zu Essen bekommen. ... Wie auch? Meine Frau ist ja noch nicht wieder da.

Der nagende Hunger und die Verzweiflung trieben mich in die Vorratskammer. Außer einigen

Dosen grinste mich die gähnende Leere des schiefen Regals an. Also, was blieb mir übrig? Dann gab es eben nur Linsen aus der Dose.

Da der Dosenöffner schon älteren Datums war, versagte selbiger seinen Dienst. Die Einzelteile des Öffners verteilten sich in einem hohen Bogen in der Küche. Da blieb nur noch die Endlösung … wollte ich nicht bei lebendigem Leibe verhungern und die hieß … Kettensäge. Nachdem ich die Linsendose erfolgreich zwischen zwei Stühlen verkeilt hatte, setzte ich die kreischende Kettensäge an die Dose an. Das Ergebnis war verblüffend. Die Dose zerfetzte mit einem Ruck und der Inhalt bedeckte die gesamte Küche, sowie auch mich, mit einer feinen dünnen Schicht aus einem klebrigen braunen Schleim. Deutlich konnte man die einzelnen Linsen in der braunen Brühe erkennen. Es sah schon komisch aus, wie die einzelnen Blechteile der Dose, wie ein bizarres Muster, in den Küchenmöbeln steckten.

So eine Schei … ße (Entschuldigung sollte Sch...e da stehen) … jetzt musste ich erst mal das Chaos beseitigen. Ganz vage erinnerte ich mich, dass meine liebe Frau, die Putzsachen unter der Spüle aufbewahrte. … Ich hatte keine andere Wahl, wollte ich das Wiedersehen mit meiner

Frau überleben, so musste ich mich durch den Linsenschleim kämpfen.

Ich hatte ja keine Ahnung, wie viele verschiedene Sorten an Putz- und Reinigungsorten es gibt. Aber mit der Aufschrift … gegen Linsen … war keines dabei. Bei dieser Art der Verschmutzung musste auch was anderes her. … 80 % Salzsäure … hieß das Zauberwort. Rein zufällig hatte ich noch einen Kanister mit zehn Litern seit acht Jahren in der Garage stehen.

Ich hätte doch lieber die Flasche mit dem Aufdruck … Allzweckreiniger … nehmen sollen. Nachdem ich die zehn Liter Salzsäure gleichmäßig in der Küche verteilt hatte, entwickelte sich ein dampfender, ätzender Qualm, der alles in einer weißen, beißenden Wolke einhüllte. Doch ich hatte Glück, Teile der zerfetzten Dose hatten ein klaffendes Loch in das Küchenfenster gerissen, so zog ein Teil des Qualms, wie aus einem Schornstein, wieder ab.

Glücklicherweise hatte ich vor drei Jahren einen Hochdruckreiniger gekauft, ich wusste auch noch, dass er noch originalverpackt in der Werkstatt stand. … Ich hätte vorher die Bedingungsanleitung lesen sollen. Die 120 Bar Druck waren wohl ein klein wenig zu stark. Der Strahl spülte nicht nur den dampfenden Linsenschleim von den Küchenmöbeln, er fraß auch hässliche Löcher in die Wand. Der Schlauch entglitt meiner Hand und tanzte wie eine fröhliche Schlange durch die Küche. Mühsam konnte ich dem vernichtenden Wasserstrahl ausweichen und sah in den Augenwinkeln, wie die böse Schlange durch die Küchentür in den Flur glitt. … ›Bloß das nicht‹, dachte ich. Ich hatte den Flur erst vor acht Jahren frisch tapeziert. Panisch versuchte ich, den Wasserhahn von dem Hochdruckreiniger abzudrehen. Doch nichts ließ sich bewegen. Ich war zu ausgehungert, zu schwach … oder hätte ich den Wasserhahn schon vorletztes Jahr auswechseln sollen, als er seitdem immer klemmte?

Ich hörte klirrende Geräusche aus dem Flur, das musste der teure Wandspiegel gewesen sein. Mit aller Kraft stemmte ich mich gegen den Wasserhahn und mit einem Ruck landete ich schmerzvoll auf dem Küchentisch, der unter mir zerbrach. Verdutzt betrachtete ich den Hahn in meiner Hand. Dann sah ich das Loch in der Wand, aus dem in einer hohen Fontäne das Wasser spritzte.

Ein lautes Sirren ließ mich hochschrecken. Verschlafen sah ich auf den blinkenden Radiowecker.

Mein Schatz lag zum Glück neben mir, in dem warmen trockenen Bett.

Was ist meine Botschaft an Euch?

Zum Öffnen der Linsendosen ist für die Halterung ein Schraubstock besser als zwei Stühle.

Allzweckreiniger ist besser als Salzsäure.

Ein einfacher Wasserschlauch reicht zum Reinigen der Küche.

Stellt den Wecker zehn Minuten früher, dann gibt es keinen Stress.

Die Liebe

Wie ein dunkler, eiskalter Raum ohne Wände ... in der Ewigkeit. Jeder Atemzug ohne dich ... in der Ewigkeit Gedanken ohne Liebe ... in der Ewigkeit
Das ist die Hölle hier auf Erden.

Ein Engel, der die Flügel schlägt ... Schwingen, die meine Wangen berühren. Ein Windhauch der mein Herz berührt ... der Engel das bist du. Liebe, die mein Herz erwärmt, Liebe die meine Seele streichelt ... das bist du.
Deine Liebe, das ist der Himmel hier auf Erden.

Mein Schatz, ich liebe dich, ... danke, dass du mir in eiskalter Dunkelheit den Weg zum Himmel zeigst.

Die Schokoladenseite und die dunkle Seite deiner Stadt

Wenn du am Deich siehst, wie die untergehende Sonne ihre Strahlen in das Wasser taucht, die Weser in ein goldenes Lichtermeer verwandelt. Der laue Sommerwind leicht dein Haar liebkost und das Schreien der Möwen im Wind dein Herz erreicht. Du ohne Sorgen und Qualen in die ferne Zukunft blickst. Deinen Kopf dann wendest und das Lichternetz am Klimahaus gerade erwacht. Die Skyline deiner Stadt, dich in eine Welt entführt ... eine Welt der Fantasie, verzaubert von Magie ... Magie, die deine Seele weiterträgt und dich spüren lässt, dass du noch lebst ... dann kennst du sie ... die Schokoladenseite deiner Stadt.

Wenn dein Spaziergang dich zurück nach Hause führt, durch die Straßen deiner Stadt. Die dunkle, kalte Nacht, die Schatten länger werden lässt. Du dann siehst, wie das Licht der alten, rostigen Laterne die Schatten gespenstisch tanzen lässt. Die Schreie gequälter Seelen dein Herz zerfressen.
Eine dunkle Gestalt, die heimlich in den schmutzigen Mülltonnen nach weggeworfenen Pfandflaschen sucht ... deine Seele frieren lässt.

Eine hübsche Frau, die weinend, mit zerzaustem Haar, an dir vorbeiläuft ... dir einen Blick zuwirft ... einen Blick, der nach Hilfe und nach Liebe schreit. Dann kennst du sie ... die dunkle Seite Deiner Stadt.

Zum Autor

Mein Name ist Peter Naujoks.
Im Januar 1964 wurde ich in Osnabrück geboren.
Mit meiner Frau Silke, meinen Hunden und Katzen lebe ich in direkter Küstennähe.

Meine Hobbys sind die Natur, ihre Bewohner und die Saurierjagd.

Seit 2014 entführe ich die Leser in meine Geschichten, berühre das Herz und rege zum Nachdenken an.
Mit Wörtern einen Satz zu bilden, das lernt man in der Schule.

Mit Sätzen, die Gefühle ins Herz zu leiten und Bilder in den Kopf des Lesers zu setzen, das lehrt das Leben.